데이터 읽기의 기술

숫자를 돈으로 바꾸는

데이터
읽기의
기 술

차현나 지음

청림출판

기업의 생존법, 어디서 찾을 것인가

20세기 시장을 움직이는 힘이 기업에 있었다면, 21세기 시장을 움직이는 힘은 소비자에게 있습니다. '프로슈머prosumer'로 대변되는 이러한 시대적 변화 속에 '소비자'라는 화두가 기업에게 가장 중요해졌음을 그 누구도 부인할 수는 없을 것입니다.

이제 소비자의 기대에 부응하지 못하는 기업은 살아남을 수 없습니다. 그렇다면 기업은 소비자에게 어떻게 다가가야 할까요? 어떤 전략을 갖고 제품과 서비스를 준비해야 할까요? 소비자가 원하는 지점을 어디서 찾을 수 있을까요?

"구슬이 서 말이라도 꿰어야 보배다"라는 속담이 있습니다. 이 속담이 뜻하는 바는 다 알지만, 가장 중요한 '어떻게 꿸 것인지'

에 관해서는 전해진 것이 없습니다.

21세기를 정보화 사회 또는 지식 기반 사회 등으로 말합니다. 정보와 지식은 도처에 널려 있고 이것을 어떻게 활용할 것인가, 즉 '어떻게 내가 원하는 지식을 만들어낼 것인가'가 핵심입니다. 위 속담을 여기에 적용하면, 구슬이라는 정보를 꿰어 필요한 지식을 만들어낼 방법을 배워야 보물을 얻을 수 있습니다. 이 책은 바로 이 방법에 관해 알려줍니다. 흩어진 데이터를 어떻게 모으고 엮어 소비자가 원하는 제품과 서비스를 만들어낼 것인가. 결국 소비자의 마음을 알고 이를 제대로 활용하는 기업만이 생존할 수 있을 것입니다.

"소비자 욕구를 파악하라", "소비자 마인드를 가져라" 등의 말이 현재 기업의 심정을 잘 나타내고 있습니다. 기업의 중요한 화두인 소비자에 관해 현업에서 몸소 체험하고 있는 저자의 이야기는 기업의 마케팅에 도움이 될 것입니다. 우리는 이 책을 통해 소비자의 마음을 파악하는 방법을 알 수 있습니다.

이화여자대학교 소비자심리학 교수
양윤

누구도 쉽게 말하지 못한 데이터 활용에 관하여

어떤 분야를 새로 공부하다 보면 처음에는 기술에 집착하게 됩니다. 요리라면 재료를 써는 법, 그림이라면 붓을 잡는 법 같은 것이겠지요. 그러나 시간이 지나 그런 것들이 익숙해지면 알게 됩니다. 그것들은 매우 지엽적인 것이고 결국은 내가 무엇을 만들고, 그리고 싶은지를 파악하는 능력이야말로 가장 핵심이고 본질이라는 사실을요.

데이터도 마찬가지입니다. 초기에는 개별 기술에 집착하게 됩니다. R, 파이썬python, SQL 등을 다룬 책들을 사고, 열심히 컴퓨터 앞에 앉아 수련을 계속해나갑니다. 하지만 어느 순간 알게 될 겁니다. 이다음이 필요하다는 것을요. 내가 무엇을 어떤 관점에서 바라보고 어떻게 문제를 정의해나가야 할지는 참으로 배우기가 쉽지 않은 영역입니다.

데이터 분야에서 일하고 있는 대부분 사람이 가장 힘들어하는 사항 중 하나가 '나를 가르쳐줄 시니어의 부재'인 것도 아마 이런 니즈에 기인하고 있다고 봅니다.

저 역시도 이런 요청을 많이 받았으나 해결해주기가 참 쉽지 않았습니다. 왜냐면 '관점'이라는 것은 '암묵지'의 영역이기 때문입니다. 암묵지란 내가 알고 있으나 말로 표현하기 어려운, 내게 체화된 지식을 말합니다. 흔히 노하우라고 하는 것들이죠. 데이터 분야에서 이 부분에 대한 책들은 거의 없거나, 있어도 해외 서적이어서 접근이 쉽지 않았습니다.

그러던 와중에 제가 존경하는 저자께서 정말 필요한 책을 쓰셨습니다. 오랜 기간 현업에서 일하며 습득한, 기술과 기술 사이에 존재하는 진짜 중요한 것들이 글로 잘 정리되어 있습니다. 나름 오래 일해온 저도 '그렇지', '맞아'라고 감탄을 계속하며 읽었습니다. 쉽게 배울 수 없는 것들을 모아둔 책입니다.

이 책은 데이터 커리어를 밟으려는 사람만을 위한 책이 아닙니다. 극과 극은 통한다 했는데 이 책이 그렇습니다. 데이터와 관련된 고민의 정수를 기술한 책이지만, 그렇기에 되려 세부지식이 없어도 정말 중요한 것을 배우는 데 아무 문제가 없습니다. 데이터 관련 직종뿐 아니라 현업에서 소비자의 니즈를 고민하고 있는 실무자나 임원들까지 다채로운 계층의 사람들 모두 얻어갈 것이 많은 신기한 책입니다. 적어도 앞으로 어떻게 나아가야 하는지를 알게 될 겁니다.

세상에는 많은 책이 있습니다. 그중에는 한 줄을 적기 위해 1분의 고민이면 되는 책이 있고, 1년의 경험을 쏟아부어 한 줄이 쓰인 책이 있습니다. 이 책은 후자입니다. 저자의 오랜 경험과 고생과 인생을 한 권의 책으로 배울 수 있다니 이 책을 읽을 여러분이 부럽습니다.

전 카카오데이터팀 이사
하용호

구슬을 꿰어
목걸이를 만드는 법

빅데이터, 머신러닝, 딥러닝, 데이터마이닝······.

새로운 기술의 등장으로 데이터 자체가 목적이 된 듯 생각하는 기업이 많다. 데이터는 목적이 아니다. 데이터 자체는 수단일 뿐이며, 데이터는 목적을 가질 때 빛난다.

데이터 자체는 속담으로 비유하면, 구슬이다. 일단 구슬의 종류와 양은 많을수록 좋고, 그 구슬들을 담을 수 있는 자루와 공간도 필요하다. 그러나 결국엔 꿰어야 보배가 된다.

구슬을 꿴 보배의 모양은 기업마다 또는 프로젝트마다 다르다. 목걸이를 만들어야 할 때도 있고, 팔찌를 만들어야 할 때도 있다. 그리고 그것을 착용할 사람, 시기, 장소가 모두 다르다.

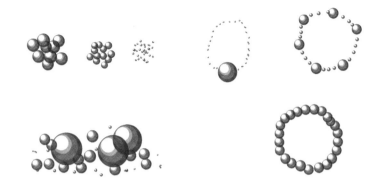

구슬은 많아야 한다. 종류도 다양해야 한다. 그러나 구슬이 서 말이라도 꿰어야 보배다. 어떤 모양을 만들 것인가 하는 필요에 따라 낱개의 구슬이 활용된다. 데이터의 목적에 따라 특정 데이터가 활용되는 것처럼.

구슬을 잘 꿸 수 있는 장인도 필요하다. 사람마다 디자인 감각과 세공 기술은 천차만별이다. 아무나 쉽게 만질 수 있는 구슬이 있는가 하면, 장인만이 손댈 수 있는 것들도 있다.

그런데 이런 조건들을 모두 간과한 채, 마치 데이터 자체가 많으면 끝인 양, 그 데이터를 담을 수 있는 장비를 사면 끝인 양, 그 데이터를 다룰 사람이 누구라도 상관없는 양, 무조건 '왜 보배를 만들지 못하느냐'라고 채근하는 기업이 많다.

그럼 다시, 데이터의 목적은 무엇일까?

기업으로 한정해보겠다. 흔한 표현으로, 기업은 돈을 버는 곳이다(사기업이 아닌 조직은 다른 목적을 설정할 수 있다).

1. 데이터의 목적은 돈을 버는 것이다

"그래? 그럼 돈을 벌 수 있는 데이터를 가져와!"

이런 표현은 마치 "사람은 착하게 살아야 한다"와 같이, 구체적이지도 않고 선명하게 와 닿지도 않는다. 그럼 한 단계 더 나아가 돈을 벌기 위해 무엇을 해야 할지 생각해보자. 기업이 아닌 개인 소비자를 대상으로 제품을 판매하는 B2C^{Business to Consumer} 기업으로 다시 한정해보겠다. 소비자를 대상으로 제품을 만들어야 하는 기업이 돈을 벌려면 어떻게 해야 하는가?

2. 데이터의 목적은 소비자가 언제 돈을 쓰는지 아는 것이다

"그래? 그럼 소비자가 돈을 쓰게 만드는 데이터를 가져와!"

아까보단 조금 낫지만, 구체적이지 않은 요청이다. 심지어 소비자를 돈벌이의 수단으로만 생각하는 태도다.

소비자가 돈을 쓰게 하려면 어떻게 해야 하는가? 소비자가 기꺼이 지갑을 여는 환경에 대해 자세히 알아야 한다. 소비자가 언제 돈을 쓰고 싶어 하고, 언제 돈을 쓰고 싶어 하지 않는지 알아야 한다. 결국 소비자의 필요와 마음을 알아차리는 것이 중요하다.

야트막한 상술로 소비자가 돈을 쓰도록 조작하는 것에서 벗

어나 소비자의 필요를 발견하고 소비자가 기꺼이 그 필요에 대
해 비용을 지불하도록 만드는 것은 기업의 태도와도 연결된다.

3. 데이터의 목적은 소비자를 이해하는 것이다

소비자를 이해하기 위해서는 다양한 각도에서 노력을 기울여
야 한다. 하나의 데이터 변수, 하나의 결과만으로 소비자의 모든
것을 이해했다고 생각하는 것은 오산이다.

소비자를 이해한다는 것은 다음의 그림을 보는 것과 같다. 다
음은 그림의 일부분이다. 전체 그림은 무엇을 그린 것일까?

이 부분은 어떤가? 다른 부분을 보여주기는 했지만 전체 그림이 무엇인지는 정확히 알기 어렵다.

우리는 소비자에 대해 아주 파편화된 부분밖에 알 수 없다. 기업에서 수집하는 데이터는 소비자의 아주 작은 부분들을 알아차릴 수 있는 단서가 된다. 이 단서를 데이터의 목적에 맞게 재배치하고 분석하면, 조금이나마 소비자를 이해할 수 있게 된다.

소비자를 완벽히 이해하는 것은 거의 불가능하다. 가족만 떠올려봐도 그렇다. 오랜 세월 동안 함께 지내고, 유전적으로도 같

코끼리의 일부분만 볼 수 있는 것처럼, 우리는 소비자의 모습을 완벽하게 알기 어렵다.

은 핏줄로 이어져 있다고 하나, 식성이나 취향이 다른 경우도 많다. 하물며 수천만 명을 동시에 만족시킬 수 있는 제품 같은 건 존재하지 않을 수도 있다.

　그러나 소비자가 원하는 것이 무엇인지 진심으로 궁금해 하고 소비자의 필요를 채워줄 노력을 한다면, 소비자가 그 기업을 알아볼 확률이 높아진다.

소비자를 이해하려면 공급자 마인드에서 벗어나라

공급자 마인드는 소비자가 아니라 기업 입장에서 생각하는 것이다. 기업의 시각으로 제품을 바라보니, 소비자가 이 제품을 왜 좋아하고 싫어하는지 이해할 수가 없다.

이를테면 소비자는 기업 내부의 조직 구조에는 별 관심이 없다. 같은 그룹사이지만 전혀 다른 조직에서 출시한 다른 제품에 대해 "왜 이 기업은 비슷한 제품을 또 냈지?"라고 생각할 수 있다.

같은 브랜드 로고를 붙이고 있지만 다른 그룹사에서 낸 제품에 문제가 있을 때, 그룹사 전체가 피해를 입기도 한다. 문제가 없는 제품의 담당자는 억울할 수 있다. 법적으로 전혀 다른 기업이지만, 소비자는 이에 대해 정확히 알지 못할 때가 많으며 알 필요도 없다. 이러한 소비자의 상황이 아닌, 기업 혹은 담당자 관점에서 소비자 데이터를 본다면 소비자의 행태를 이해할 수 없다.

기업은 제품 분류 체계에 따라 제품을 냈는데 소비자가 그 배경지식을 전혀 모르는 경우도 있다. 예전 제품에 대비해 개선된 제품을 내보였지만, 소비자는 그 차이를 알지 못한다. 기업이 보기에는 두 제품 간 차이점이 명확했다. 그러나 소비자에게는 갑자기 눈앞에 나타난 별개의 제품일 뿐이다.

소비자가 기업의 히스토리를 알고 있고 단번에 제품의 차이점을 발견해줄 거라고 기대하지 말자. 소비자는 소비자일 뿐, 브랜드 담당자나 그 담당자의 지인이 아니다. 자신의 생각이나 지인의 이야기만 듣고 제품에 대한 반응을 확정하면 안 된다. 그러나 종종 기업 담당자는 소비자가 자신만큼 이 제품에 대해 잘 알 것이라는 전제를 가지고 생각해버리는 실수를 저지른다.

이러한 공급자 마인드에서 탈피해야 데이터에서 차별점을 찾아낼 수 있다. 기업 관점에서만 데이터를 바라보면, 소비자의 마음을 알아챌 방법은 없다.

여전히 공급자 중심 마인드를 벗어나지 못한 많은 기업은 소비자 입장이 아니라 기업 입장에서 어떻게 하면 돈을 벌까 궁리한다. 그들은 어쩌다가 소비자를 분석하더라도 소비자의 진짜 마음엔 관심이 없고, 자신들의 생각을 확인할 방법만 찾는다.

공급자 중심이든 소비자 중심이든, 둘 다 매출과 소비자 데이터를 분석하기 때문에 차이가 없는 것처럼 느낄 수 있지만, 전혀 다른 결과물이 나올 수 있다.

이를테면 공급자 중심일 땐 그저 회사의 이익만을 생각해 소비자를 이용하지만, 소비자 중심의 사고를 할 땐 소비자가 원하는 것을 파악해 저절로 기업의 제품을 원하도록 할 방법을 생각한다. 소비자 편에 서는 기업에서는 제품의 본질부터 세밀한 부분까지 사용자 입장에서 고민하게 된다. 제대로만 전달되면, 소비자는 그 제품이 자신에게 정말 필요한 것이라는 느낌을 받는다.

소비자의 마음을 찾아서

데이터의 목적은 소비자를 진심으로 이해하고 그들의 필요를 채워줄 단서를 찾는 것이다. 이 책에서 그 단서들을 찾아가는 이야기를 해보려고 한다. 데이터의 목적을 찾아가는 과정, 소비자 마음의 원리를 찾아가는 과정을 공유해보고자 한다.

지금부터 소비자의 마음을 찾기 위해 어떻게 데이터를 보면 되는지, 데이터를 분석한 결과를 기업에서 활용하려면 어떻게 해야 하는지에 대한 이야기를 시작하겠다. 데이터를 다루는 일을 하면서 접한 문헌과 사례는 물론 몸담은 조직, 컨설팅을 제공했던 기업, 데이터 관련 업계 사람들과 함께하며 보고 들은 이야기의 공통점을 찾아 일반적인 이야기로 풀어내기 위해 노력했다.

이 책에서 특정 기업을 추켜세우거나 포장하거나, 반대로 비난하거나 비하할 의도가 없다는 것을 밝힌다. 가상의 브랜드가 등장할 때엔 다수의 기업에서 일어나는 일들이라고 생각하면 된다. 만약 자신의 이야기로 느껴진다면 그런 사례가 또 있다는 말이다. 자신의 사례와 굉장히 다르다고 느껴진다면, 다른 곳에서 일어나고 있는 일이라고 생각하면 된다.

물론 기업마다 제품마다 다른 상황도 있을 것이며, 한 기업의 성공적인 사례가 꼭 우리 기업에 맞지 않을 수도 있다. 그 원리와 마음을 자신의 기업과 프로젝트에 대입해 새롭게 생각해볼 수 있는 기회가 된다면 그것으로 충분히 새로운 시작이 될 것이다.

Contents

2부
데이터 앞에서 해야 할 질문 10가지

3부
데이터를 어떻게 활용할 것인가

1부

데이터가
알려주는
소비자의 마음
10가지

1.

소비자의 마음은
매출 데이터가 알려준다

왜 데이터를 믿지 못할까?

빅데이터를 말하는 시대, 오프라인 기업에서 '빅데이터 성공 사례'를 본 적이 얼마나 되는가?

미국 월마트에서 기저귀 옆에 맥주를 놓았더니 잘 팔렸다는 사례를 들어본 적이 있을 것이다. 이는 2000년대 초반에 언론에서 '데이터마이닝' 사례로 대대적으로 언급되었는데, 최근까지 회자될 정도로 유명하다. 기저귀를 사러 온 소비자들이 함께 구매하는 품목을 분석한 뒤, 기저귀 옆에 맥주를 가져다놓았더니 매출이 올랐다는 것이다. 어린 아기를 키우는 부모들의 구매 이력과 매장의 실제 구매 동선 사이의 간극을 줄인, 획기적이고 재미있는 사례로 통한다.

오프라인 브랜드 쪽에서 '기저귀+맥주' 이후 업데이트된 성공 사례를 들어본 적 있는가? 아직도 일부 세미나 발표 자료에 이 사례가 포함되는 걸 보면, '기저귀+맥주'보다 인상적으로 각인될 만한 사례는 없는 것 같다.

물론 아마존 등 온라인 기업이 시도한 사례들이 종종 언급되기도 한다. 그것은 데이터로 돈을 벌어야 하는 이커머스 e-commerce(전자상거래) 기업의 생리상 당연한 일이라고 생각한

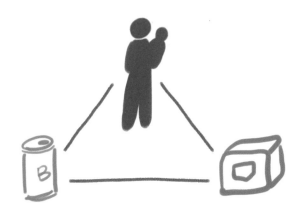

아기를 키우는 37세 아빠가 있다. 아기에겐 기저귀가 필요하고, 아빠에겐 맥주가 필요하다. 그 아빠가 마트에 갔는데 기저귀와 맥주가 가까이 있다면 둘 다 살 확률이 높아질 것이다. 이는 '37세 남자'가 아니라 소비자의 행동에 기반을 둔 분석을 해야 가능한 기획이다.

다. 어떤 웹 화면에서 무엇을 보여주면 구매가 높아질지, 어떤 검색을 하는 소비자에게 무슨 제품을 노출해야 잘 팔릴지, 장바구니에 무엇이 담겨 있을 때 어떤 제안을 해야 하는지 등의 분석을 제대로 하지 않으면 온라인 기업은 살아남기가 어려울 것이다.

오프라인에서는 월마트의 '기저귀+맥주' 이후 빅데이터 성공 사례를 거의 보지 못한 듯하다. 물론 실제로는 성공을 했다 해도 대외비라며 감출 수도 있겠지만, 빅데이터 성공 사례는 홍보하기 좋은 예시이므로 오히려 더욱 과장되어 언론에 보도되어야 했다고 보는 것이 타당하다.

오프라인 브랜드에 빅데이터 적용 사례가 적은 이유는 우선, 매장을 가진 브랜드 대부분 '데이터'보다 '경험'이 더 익숙한 인력으로 구성되어 있기 때문일 것이다. 데이터로 분석하여 테스트해보는 시간보다 자신의 노하우나 직감, 경험으로 판매대를 움직여보는 것이 훨씬 적은 시간이 걸린다.

어떤 회사의 경우에는, 매출이 잘 나와서 그렇다. 아직 경험 이상의 것을 도입해볼 만큼 절박하게 매출이 감소하지 않았다. 일단 성장하는 중이고 잘되고 있으니 더 빨리 많은 매장을 내거나 물건을 판매하는 것에 온 에너지를 집중하는 중인지도 모른다. 문제가 없으니 딱히 데이터를 파고들어 볼 마음이 생기지 않을 수도 있다.

　그다음으로는 데이터의 잘못(?)을 찾아볼 수 있는데, 데이터의 '목적'이 없기 때문이라고 생각한다. 데이터는 그냥 어려운 숫자이거나, 지나간 일을 보는 것뿐이거나, 직접적인 효과가 없다고 생각하는 사람들도 있다. 데이터를 분석하는 것이 좋은 일인 것 같기는 한데, 구체적으로 뭘 해야 할지 목적을 떠올리지 못할 때 '데이터가 실용적이지 않다'라고 많이 생각하는 것 같다. 데이터의 참맛을 본 적이 없어서 그렇게 생각하는데, 이 경우 다시 제대로 된 데이터 분석을 경험하지 못하기 쉽다.

데이터의 목적을 생각해보자

　그럼 데이터의 목적은 무엇일까?

　데이터의 목적은 돈을 버는 것이다. 데이터를 분석하면 정확한 수치는 아닐지라도 어느 정도의 매출을 자신한다고 말할 수 있어야 한다.

　차트 중에 가장 아름다운 차트는 매출이 증가하는 차트다.

　시간이 지날수록 매출의 증가를 보여주는 차트가 최고다. 경영을 잘하고 있다는 가장 확실한 증거 역시 매출 증가다. 물론 매

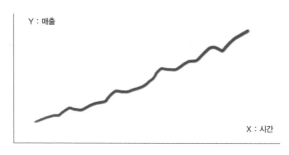

Y : 매출

X : 시간

차트 중 가장 아름다운 것은 매출이 증가하는 차트다.

출만 집계하는 것이 완벽한 분석이라고 보기는 어렵다. 그러나 어떻게든 매출과 데이터 분석 간의 연결고리를 찾는 것이 중요하다.

멤버십 회원의 증가 차트도 아름답다고 생각한다. 멤버십에 가입한 사람이 많이 늘었다는 것은 결국 해당 기업에 돈을 쓸 만큼 관심 있는 사람이 늘어났다는 증거다. 매출 증가 다음으로 아름다운 건 가입자 증가 추세가 아닐까 싶다.

매장 수의 증가도 매출 증가를 어느 정도 수반하기 때문에 직관적으로 다가오는 수치다. 다만 매장을 새로 내는 데 드는 비용이나 임대료 등 손익을 고려해야 한다. 또한 가까운 곳에 동일한 점포가 생길 경우 발생 가능한 잠식cannibalization도 문제가 될 수 있으니 까다롭게 검토해야 한다.

Y : 매장 수

X : 시간

매장 수의 증가도 매출과 연관이 높다.

기본적으로 매출과 가입자가 떨어지고 있는데, '알면 좋을 데이터 분석 결과' 같은 이야기가 귀에 들어올 리 없다. 어떻게 하면 매출과 가입자를 늘릴 수 있는지를 분석한 내용이 훨씬 잘 들릴 것이다.

그럼, 어떻게 매출을 늘릴지 분석해보자. 결국 B2C에서 돈을 쓰는 건 소비자다. 소비자는 언제 돈을 쓰는가?

소비자는 제품을 알고, 제품이 좋아지면 구매한다. 소비자심리학 전공 과목에서는 이 과정에 대해서 한 학기 내내 공부한다. 첫째로 인지(지식)다. 얼마나 더 낮게 인지하도록 하고 더 눈에 띄게 하는가에 대한 것이다. 둘째로 태도다. '이것이 좋고 저것이 싫다'라고 표현되는 호불호에 대한 것도 따로 다룬다. 그리고 셋째로 구매 행동이다. '구매 행동을 언제 하는가', '어떤 맥락에서

소비자는 언제 회사에게 돈을 쓸까?

알고
지식

좋아지면
태도

구매한다
행동

소비자는 마음에 드는 기업에 돈을 지불한다.

더 구매를 많이 하는가'에 대해서는 별도 과목이 있을 정도다. 파고들면 거대한 이야기가 된다.

단순하게 말해서 어떤 제품을 알고, 좋아하게 되면, 다양한 방법으로 구매한다. 이러한 기본적인 단계에 역행하는 현상, 즉 일단 사고 나서 제품을 이해하는 '충동 구매'도 있기는 하다. 순서가 어떻게 되든 간에 소비자가 기업과 제품에 대해 어떻게 인지하고 있는지, 좋아하는지 싫어하는지 파악하고 있다면, 통제할 수 있던 상황과 아닌 상황을 정리할 수 있다.

각 단계에서 데이터를 최대한 많이 가지고 있는 것이 중요하다. 일대일로 정확히 알 수 없다 하더라도, 추정할 수 있는 것만이라도 데이터를 확보하는 것이 중요하다. 데이터를 가지고 있지 않다면 감으로 원인을 유추할 수밖에 없기 때문이다.

결국 매출과 연결되어 있는 '사람'의 구매 행동을 분석하는 데 가능한 한 많은 데이터를 가지고 있는 것이 매우 중요하다.

모든 것이 데이터가 된다

"만물은 수數다." 피타고라스가 한 말이다. 데이터 사이언티스트로서 참 좋아하는 말이다. 본래 의미와는 조금 다를 수 있겠지만, 나는 세상만사 무엇이든 데이터화할 수 있다고 생각한다. 때로는 자동으로 쌓이는 액티브 데이터active data도 있지만 일부러 기록해야 하는 패시브 데이터passive data도 있다.

예를 들어, 사람들이 평균적으로 휴대전화를 얼마나 사용하는지 알아야 하는 상황이라고 하자. 이 데이터는 크게 두 가지 방법으로 구할 수 있다.

휴대전화에 몇 가지 기능을 설정해두면 자동으로 몇 분 동안 휴대전화를 사용했는지 기록으로 남는다. 이는 사람이 따로 기록할 필요 없이 기계가 스스로 기록하는 '액티브 데이터'다.

반면, 누군가가 당신에게 "당신은 하루에 몇 시간 동안 휴대전화를 사용하나요?"라고 물었을 때, "하루에 한 시간"이라고 응답했다고 하자. 이러한 응답들을 모으면 데이터가 된다. 이렇게 사람이 스스로 만들어내는 데이터를 '패시브 데이터'라고 한다.

지금 당연하게 여겨지는 많은 행동이 자동으로 데이터로 기록되는데, 이 중에는 예전엔 당연하지 않았던 것들도 있다. 예전엔 손으로 기록해야 했는데, 이젠 자동으로 할 수 있게 된 것이다. 예로 집에서 쓰는 가계부도 신용카드 구매 이력을 바탕으로 일부 자동화할 수 있다.

대중교통을 이용하는 사람들이나 출퇴근 시 출입문에 출입증을 갖다 대는 행동도 결국 나중에 액티브 데이터로 활용할 수 있다. 예전에는 지하철역이나 버스정류장의 유동인구를 정확하게 추정하기가 어려웠지만, 이제는 거의 매일 매시간 승하차하는

무심코 사용하는 신용카드 한 장도 행동에 대한 어마어마한 데이터를 만들어낸다. 교통수단, 브랜드, 식생활, 버스나 지하철의 유동인구 규모는 이제 통계청 사이트에서 쉽게 찾아볼 수 있다. 이 모든 것이 일종의 '액티브 데이터'다.

사람들의 규모를 액티브 데이터로 얻을 수 있다.

파코 언더힐의 《쇼핑의 과학Why we buy》이라는 책을 살펴보자. 수기로 데이터를 모아 소비자의 행동을 분석한 내용을 볼 수 있다. 매장에 앉아서, 고객이 몇 걸음 걸었고 어디 몇 분 머물렀는지 기록하고 입력해서 분석한 결과를 책으로 낸 것이다. 저자가 직접 끈기 있게 관찰하고 정밀하게 기록해 방대한 자료를 만들어냈다. 수기로 기록한 데이터라는 점에서 상당한 노력을 들였음을 짐작할 수 있다.

소비자심리학 논문들을 보면 이러한 실험 데이터를 많이 활용한다. 소비자심리학에서는 두 집단 간의 차이를 측정하고 통계 처리하는 경우가 많다. 학위 논문을 위해 1,000명이 넘는 사람들을 대상으로 실험 데이터를 하나하나 수집하던 시절도 있었다. 실험의 과정이 과학적인지 아닌지는 별개로, 데이터를 수집하는 방식 자체가 패시브 데이터인 경우가 더 많았다. 데이터가 액티브인지 패시브인지 구분하는 것은 수집 방식의 차이일 뿐이다.

기술이 발달하면서 자연적으로 데이터를 수집하는 장치가 많이 생겼다. 와이파이Wi-Fi나 저전력블루투스BLE 등의 기술을 이용해 휴대전화가 보내는 신호를 받아 데이터를 모은다거나, 카메라나 적외선을 통해서도 소비자의 행동 데이터를 쌓을 수 있게 되었다. 마치 온라인의 로그 데이터와 같은 것을 오프라인에서도 가질 수 있게 된 것이다.

패시브 데이터가 아닌 액티브 데이터가 모이는 시대가 된 지 얼마 되지 않았다. 이런 빅데이터를 다양한 분석에 활용할 수 있다는 것은 이 시대가 주는 하나의 선물이라고 생각한다. 데이터 분석가들이 무궁무진한 분석 재료를 가질 수 있게 된 것이다.

액티브 데이터가 만든 빅데이터 재료들

이렇게 많은 행동 데이터를 기업은 어디에 쓰는가? 소비자 행동을 분석해서 더 많은 소비자 인사이트를 발견하고, 이를 반영해 소비자가 원하는 제품과 서비스를 더 많이 만들어내는 데 활용해야 한다. 소비자에 대한 심도 있는 이해는 결국 기업의 매출로 이어진다.

소비자에 대한 이해는 교묘한 상술과는 다르다. 상술은 소비자를 속여 더 많은 이윤을 얻고자 하는 쪽에 가깝다. 그러나 소비자를 진심으로 이해하고자 하면, 제품과 서비스에 소비자의 니즈가 담긴 인사이트를 반영하게 되고, 자연스럽게 소비자는 그 브랜드를 좋아하게 된다.

스티브 잡스는 "소비자가 원하는 것을 소비자도 모른다"라는 유명한 말을 했다. 그런 때도 있다. 세상에 없던 제품, 특허받은 신기술, 획기적인 신소재 등을 소비자가 알고 있을 리 없다. 그래서 소비자가 본 적도 들은 적도 없는 새로운 것을 만들어내야 한다는 강박으로, '이미 지나간 것에 불과하다'라는 명목 아래 소비자의 목소리를 듣는 데 소홀한 기업이 많다.

소비자가 원하는 것을 알아내는 것은 소비자가 말한 것을 그대로 수집하는 것과는 포인트가 약간 다르다. 소비자가 원하는 원리를 알아내는 것에 가깝다. 피상적이지 않은 지점, 그러나 너무 뜬구름 잡지 않는 지점을 찾아내는 것이 중요하다.

'결제의 편의성' 같은 것을 예로 들어보자. 다른 기업에서 결제를 편리하게 했더니 고객이 더 많은 돈을 쓴다는 이야기를 들었다. 그런데 현재 우리 매장을 살펴보고 실제로 시간을 측정해보니, 결제하는 데 많은 시간이 든다는 것이 확인되었다고 가정하자.

이때 "결제 시간을 좀 줄여보세요. 소비자는 편하게 결제하는 것을 좋아해요" 같은 말은, '착하게 살자'처럼 원론적인 얘기와 다를 바 없다. 물론 방향성을 말한다는 것은 의미가 있겠지만, 남에게 들은 이야기를 읊는 것은 아무런 도움이 되지 않는다. "소비자가 결제할 때 본인 확인을 하는 데 많은 시간이 소요되니, 소비자 동의하에 특정 카드만 보여주면/차량 번호만 인식하면/휴대전화 번호만 알려주면, 본인 확인이 가능하게 바꾸면 어떨까요?"와 같이 실행 가능한 단위의 프로젝트로 전환해야 한다.

구체적인 아이디어, 측정 가능한 단위, 논리적으로 증빙할 수 있는 아이디어를 이야기한 뒤에야 이에 따른 기술적인 문제나 비용, 발생 가능한 다른 문제점을 논의할 수 있다.

지금 멤버십을 가지고 있는 매장을 상상해보자. 서점이라고 가정해보겠다.

1단계: 소비자는 실물 카드를 가지고 다니는 것을 귀찮아한다. 지갑의 부피가 점점 커지므로.

2단계: 그렇다면 모바일로 확인할 수 있는 방법도 있을지 생각해보자. 그러나 모바일로도 매번 로그인을 해야 한다면 번거롭기는 마찬가지일 것이다.

3단계: 휴대전화 뒷자리와 실명만으로도 개인 확인이 가능하도록 약정을 변경해보자.

이런 식으로 점점 멤버십 확인 방법이 간소화되도록 논의를 발전시킬 수 있다.

실제로 교보문고에서는 POS와 연결된 단말기에 휴대전화 번호를 입력해 개인의 멤버십 여부를 확인할 수 있다. 이보다 더 나아간 방법으로, 멤버십으로 로그인한 개인이 모바일로 결제를 하고 실물 도서만 매장에서 찾아가는 경우도 있다.

쉬운 결제는 빠른 구매로 이어진다. 약간의 할인 혜택을 더한다면, 소비자는 손쉬워진 결제 수단을 통해 점점 더 쉽게, 자주 제품을 사게 된다.

멤버십과 O2O^{Online to Offline}를 연결한 성공적인 사례로 스타벅스의 '사이렌 오더'가 있다. 전 세계에서 스타벅스코리아에서 가장 먼저 론칭했고, 대표이사가 직접 아이디어를 제안해 서비스 구현에 많은 힘을 쏟은 것으로 알려졌다. 사이렌 오더 앱으로 주문 및 결제를 하면, 오프라인 매장에서 제품을 가져갈 수 있다. 이처럼 점차 많은 기업에서 온라인과 오프라인의 경계를 허물고 있다.

과거엔 온라인 조직과 오프라인 조직이 달라, 소비자의 편의가 아니라 조직의 성과를 구분하는 것이 우선시되었다. 그러나 이젠 소비자의 편에서 온오프라인의 경계를 허무는 것이 결과적으로 기업에 더 이익이 된다는 것을 깨닫게 되었다. 공급자 마인드에서 소비자 중심 마인드로 바뀐 것이다.

이제 온라인에서 결제하고 오프라인에서 제품을 가져가는 것,

오프라인에서 제품을 보고 온라인으로 주문 배송하는 것이 낯설지 않게 되었다. 이러한 온오프라인의 경계를 허무는 중심에는 멤버십이 있다. 멤버십은 다른 기업에서 구매하지 않고 자신의 매장 혹은 자신의 웹사이트에서 바로 구매할 수 있도록 소비자에게 혜택을 제공하는 연결고리가 된다.

브랜드를 좋아하고 많은 돈을 지불하던 사람이 멤버십을 쓰게 되는 것인지, 아니면 멤버십을 쓰다 보니 돈을 더 많이 쓰게 된 것인지 확실히 비율을 산정하기는 어렵다. 보통 브랜드의 충성 고객이 브랜드가 제공하는 서비스를 사용하고, 그 이후 이용 금액 증가가 동시에 일어나기 때문이다. 분명한 것은, 이 새로운 서비스가 나타난 뒤 그 이전보다 더 많은 금액을 지불하는 충성 고객이 많아졌다는 것이다.

이것은 고객이 돈을 더 많이 쓰도록 만들기 위해 고객을 기만하는 행동인가? 아니다. 소비자가 좀 더 편리하게 제품을 이용하고 결제할 수 있도록 했고, 소비자는 그 편리함을 원했을 뿐이다. 스타벅스의 앱과 사이렌 오더는 점점 진화하고 있다. 더 편리하게 더 빠르게 더 간단하게, 소비자가 주문할 수 있도록 한다. 온라인과 오프라인의 경계가 모호해질수록, 소비자의 마음과 행동을 잘 이해하고 서비스에 녹여내는 기업이 소비자에게 사랑받게 될 것이다.

실무자를 위한 가이드: 매출 데이터 분석

"매출 데이터를 다른 데이터와 연결할 수 있어야 한다."

이 당연한 이야기가 잘 이루어지지 않는 경우가 많다. 사실 분석 목적 없이 데이터를 무작정 쌓아놓기만 하는 기업도 많이 있다. 일단 데이터가 있기라도 하면 다행이다. 데이터의 적재와 보관도 비용이기 때문에, 데이터를 쌓지 않는 경우도 있으니까.

빅데이터 분석을 하려면, 당연히 최대한 작은 매출 단위가 좋다. 나는 개인적으로 영수증 데이터를 좋아한다. 다음 장에서 보듯이, 영수증 단위의 데이터를 가지고 있으면 분석에 활용할 수 있는 가능성이 증폭된다.

판매한 매장, 판매한 제품, 판매한 연월일시, 구매한 사람까지 연결할 수 있는 단위는 영수증뿐이다. 그 이상으로 집계된 단위는 결국 그냥 집계 데이터로 존재하게 되며 추정을 위한 단서로만 사용될 수 있다.

편리하게 매출 데이터를 쌓아놓고 사용자가 원하는 방식으로 데이터를 볼 수 있도록 도와주는 비즈니스 인텔리전스[BI] 툴로 보여주고 있다고 해서 만족하고 있는가? 통계 처리한 데이터는 기본이다. 빅데이터 분석을 위해서는 통계 처리 전 로그 단위의 데이터가 오히려 가치 있을 수도 있다.

매출 데이터가 어떻게 쌓이고 있는지 확인하자. 내가 보고 있는 일 단위, 월

단위의 데이터는 낱개 데이터의 합만 내면 되는 간단한 숫자다. 수기로 했던 단순한 수치 집계를 자동으로 하기 위해 기술의 도움을 받을 수 있는 시대가 되었다. 이것이 빅데이터 분석은 아닐 수 있다. 물론 사칙연산을 제대로 하는 것도 중요한 분석이지만 그 사칙연산을 하기 위해 빅데이터 장비, 툴, 인력이 별도로 필요한지는 생각해보아야 한다. 깔끔한 통계가 필요하다면 기존 업무를 제대로 하면서 자동화하는 것에 집중하면 된다.

2.

소비자의 마음은
영수증 한 장에 들어 있다

천 리 길도 영수증 한 줄부터

영수증 데이터가 있다는 것, 특히 결제 POS가 있다는 것은 오프라인에 매장을 가지고 있다는 의미일 것이다. 오프라인 매장에서 소비자가 받아든 영수증 안에는 기업이 쌓게 될 데이터 정보가 담겨 있다. 이 영수증 안의 데이터만 분석해도 기업은 소비자의 많은 부분을 이해할 수 있다.

그런데 의외로 이 내부 데이터를 충분히 분석하는 회사가 많지 않다. 매출 실적의 기본이 되는 지불 가격과 연/월/일시와 같은 시계열 정보 외엔 거의 사용하지 않는 곳도 있을 것이다. 사실

올해/이달/오늘 매출이 작년/전달/어제보다 좋다면 데이터 분석이 필요 없을 수도 있다. 계속 성장하는 중이니까. 그런데, 사실은 좀 더 가파르게 성장할 수 있었던 건 아닐까? 잘나가다가 갑자기 매출이 꺾였다면 왜 그런지 그 이유를 설명할 수 있을까?

유비무환. 성장하기에 바빠 기본적인 내부 데이터 분석을 게을리하면, 소비자가 보내는 이상 신호를 발견하지 못한다.

거창한 솔루션을 들여오는 데 시간과 돈을 낭비하지 말고, 기본이 되는 영수증 데이터 속에서 소비자의 마음을 찾아보는 연습을 해야 한다. 영수증이 다 말해주지 못하는 것을 찾아야 한다면 그때 외부 데이터의 도움을 받으면 된다.

영수증에 담긴 데이터

영수증에 무슨 데이터가 담겨 있을까? 놀랍게도 기업이 내부에서 쌓을 수 있는 데이터의 대부분이다. 과장해서 말하면, 영수증은 소비자와 기업의 시공간이 만나는 순간을 담아낸 집합체다. 한 장의 영수증은 환불이나 경품 응모를 위해 존재하는 것만은 아니다. (최근 다수의 기업이 환경 보호를 위해 전자영수증 제도를 도입하고 있다. 여기서 영수증은 물리적인 종이가 아닌, 구매 단위라고 생각하면 된다.) 소비자와 기업이 만나는 순간을 묘사하기 위해 육하원칙에 따라 데이터를 정리해보자.

데이터의 육하원칙

5W1H	데이터 종류	의미
누가 who	멤버십 등급, 동의를 받고 수집한 개인정보(생년월일, 성별, 거주지 등) 외	한 명의 고객. 멤버십에 가입했다면 여러 번 방문한 영수증을 한 사람의 행동으로 연결할 수 있게 되어 더욱 힘을 갖는다.
언제 when	연-월-일-시-분-초, 그 일자의 요일, 공휴일 여부 외	연-월-일-시-분-초 단위까지 있다. 회계에서 중요한 기준이 될 수 있다. 여러 관점에서 분절해 분석할 수 있으며, 데이터에 힘을 실어주게 된다. 외부 데이터와 연결할 수 있는 중요한 '핵심 가치'가 된다.
어디서 where	매장 이름, 주소, 상권, 위경도 외	오프라인 매장이다. 이 매장의 위치가 행정구역이나 위경도와 만나는 순간 흔히 상상하는 빅데이터가 될 가능성을 품게 된다.
무엇을 what	제품 기준 정보, 카테고라이제이션, 속성 정보, 발주 일시, 할 수 있다면 분자 단위까지 담고 싶은 욕심이 있다.	기업의 제상품 기준 정보. SKU(재고 관리 식별코드) 단위까지 세세하게 분류하고, 되도록 자세하게 태그를 한다. 얼마나 분류 체계를 잘 만들어놓았는지가 분석에 날개를 달아준다.
어떻게 how	결제 수단, 쿠폰 사용 여부, 이벤트 참여 여부 외	결제 수단, 이벤트 정보 등을 담는다. 소비자가 어떻게 기업에게 비용을 지불했는지 다각도에서 설명할 수 있고, 이 결제 수단에서 프로모션 아이디어가 나온다.

왜 why	SNS 분석, 설문 조사, 특정 집단 대상 심층면접(FGI) 외	영수증 데이터만으로는 소비자의 행동 원인을 알기 어려울 때가 있다. 다른 데이터로부터 왜 그럴지 '추정'하는 것이다. 정확한 why는 소비자에게 묻기 전까지는 알 수 없으며, 사실 소비자조차 답을 모를 수도 있다.

영수증엔 육하원칙 중 '왜why'를 제외한 거의 모든 정보가 담겨 있다. '왜'는 기업이 통찰력으로 발견하는 원리다. 소비자가 '왜' 이런 행동을 했는지 알면 다음에도 비슷하게 행동할 가능성이 있다는 것이다. 소비자를 분석한다는 것은 왜 소비자가 이 제품을 사거나 사지 않는지 알기 위해 퍼즐 조각을 맞춰나가는 것과도 비슷하다.

종종 원인이 규명되지 않은 채 현상만 있는 것을 '블랙박스'와 같다고 표현한다. 뭔가 있기는 한데 과정을 알 수 없는 블랙박스 속에 노력을 넣으면 결과가 나올 것이라고 생각하는 이들이 있다. 그러나 블랙박스인 채로 가만히 두면 소비자를 해석할 수 없다.

많은 기업이 인사이트 없이, 소비자를 이해할 마음도 없이, 데이터 분석으로부터 배우는 것 없이 그저 '기계가 대신 분석해줄 것'이라는 막연한 기대감을 품기도 한다. 그러나 특히 제품을 만드는 기업이라면, 제품을 기획하고 디자인하는 사람에게 영감을 불어넣어줄 수 있는 인사이트를 데이터에서 끌어낼 필요가 있다.

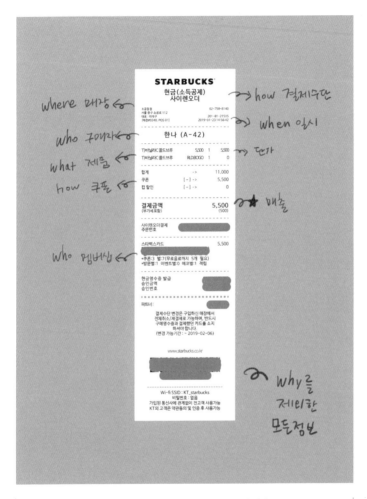

영수증 안에는 데이터의 육하원칙이 숨어 있다.

누가(who): 이 제품을 구매하는 사람이 누구인가

영수증에는 이 고객이 멤버십에 가입한 사람인지 아닌지가 표기되어 있다. 멤버십에 가입한 고객은 성별, 연령과 같은 데모 demographic(인구통계학적) 정보를 확인할 수 있다. 그러나 이러한 데모 정보는 더 이상 중요하지 않다. 이는 뒤에서 다시 설명할 것이다.

멤버십이 갖는 의미 중 '데모 정보를 알 수 있다'라는 것보다 더 중요한 것이 있다. 이 사람이 '동일한 개인unique임'을 알게 해준다는 점이다.

기업에서는 주요 고객이 20대인지 30대인지, 여성인지 남성인지를 알고 싶어한다. 그러나 그것을 안다 한들, 현대 사회에서 젠더나 나이의 의미는 매우 작다. 생각해보면 쉽게 알 수 있다. 나의 동갑내기 친구와 내가 완벽히 같은 취향을 가지고 있는가? 비슷한 성향의 사람을 간혹 만날 수는 있겠지만, 나와 다른 사람을 만나는 것이 훨씬 더 흔한 일이다.

같은 연령, 같은 성별의 사람이 모두 같지는 않다. 이젠 'A'라는 한 명의 사람이 언제, 어디서, 무엇을, 어떻게, 몇 번을 구매하는지 연결해서 보는 것이 더 의미 있는 시대가 되었다. 개인의 성향이 비슷하고 생활 패턴도 비슷한 그룹이 존재할 수 있는 것이다.

영수증 한 장은 한 명의 고객이 기업과 만나는 찰나를 설명한다. 멤버십으로 연결한 영수증은 고객의 한 주, 한 달, 한 해를 설명할 수도 있다.

멤버십에 가입한 개인정보가 항상 필요한 것은 아니다. 모든 개인정보가 암호화되어 'DQHOXLDOELF블라블라 씨'여도 상관없다. 그가 한 명의 동일한 개인임을 확인하는 것이 멤버십의 핵심적인 역할이다.

이 한 명의 고객에게 프로모션 쿠폰 등 이벤트 타기팅이 가능하다. 이는 멤버십의 화룡점정이 될 것이다.

인구통계학적 특성이 아니라 고객 행동에 기반

하늘 아래 같은 사람은 없다. 그러나 비슷한 마음을 가진 사람은 있을 수 있다. 예로 같은 대학에 다니는 동갑내기 동성 친구 A와 B가 있다. 태어난 지역도 같고, 같은 고등학교 출신이며, 현재 사는 지역도 같다. 이 두 사람이 같은 브랜드의 멤버십에 가입했다. 그리고 한 달간 제품을 사는 데 비슷한 금액을 썼다.

이들을 타깃으로 한 적절한 신상품을 계획할 수 있는가? 동질 집단이기 때문에 쉽다고 생각할 수 있지만, 두 사람을 모두 만족시키는 제품을 만들기가 굉장히 어려울 수도 있다.

피자 브랜드라고 가정해보자. 한 사람은 치즈피자를 좋아한다. 토마토, 치즈 외엔 아무런 토핑을 넣지 않은 심플한 피자를 좋아한다. 다른 종류의 피자를 먹는다 하더라도, 치즈의 종류가 달라질 뿐 다른 토핑을 더 넣지 않는다. 다른 한 사람은 다양한 토핑이 들어간 피자를 좋아한다. 페퍼로니와 소시지의 종류도 다양하게 넣고, 도우에 고구마 퓌레를 넣거나 소스 등을 찍어 먹기도 한다.

이 두 사람이 동시에 만족할 만한 피자를 만들 수 있을까? 피자의 원재료를 따로 포장해서 보내지 않는 이상, 이렇게 비슷한 인적 사항을 가진 두 사람을 동시에 만족시키기는 어렵다.

여기 제3의 인물 C가 있다. 이 사람은 꼭 토마토와 치즈만 들어간 피자를 먹는다.

멤버십 고객의 인구통계학적 특성상 A와 B가 같은 타깃이 될

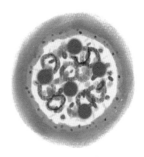

최소한의 재료만을 즐기는 사람 vs 여러 재료의 조화를 좋아하는 사람.
식성이 다른 두 사람은 앞으로도 각자의 취향을 유지할 확률이 높다.

것 같지만, 취향으로 보면 A와 C가 같은 부류로 묶여야 할 것이다. 만약 이 피자 회사에서 신제품을 개발하는 중이라면? A와 B처럼 '20대 남성이 많은가?'보다는 A와 C 같은 '치즈 피자를 좋아하는 사람이 더 많은가?' 혹은 'B와 같은 사람이 늘어나고 있는가?' 혹은 '또 다른 취향의 고객을 채워줄 만한 제품 포트폴리오가 갖춰져 있는가?'가 더 중요하다.

개인에게 맞는 정보 제공과 제품 추천

점점 성별과 나이의 구분이 무색해지고 있다. '제 나이다운' '여자다운', '남자다운' 제품의 경계가 사라진다. 그래서 오히려 개인의 성향에 맞춘 추천, 혹은 행동 속성에 따른 군집화가 적합하다. 특정 기준을 가지고 고객을 집단화하는 것이다.

개인화 추천은 고객의 회원가입과 이들이 볼 수 있는 웹이나 앱의 존재를 대전제로 하는 것이 좋다. 개인의 이력을 바탕으로 유사한 고객군이 좋아한 것을 추천하거나, 물성이 유사한 제품을 추천하는 등 다양한 방법으로 개인에게 구매 제안을 하는 것이다.

과거엔 모두에게 광고를 뿌리고 spray 그것이 원하는 고객에게 전달되기만을 바라는 pray 방식이었다. 대중에게 모두 동일한 광고를 하던 것과는 달리, 이제는 개인이 볼 수 있는 웹이나 앱 플랫폼에서 그들에게 적합한 정보를 제공한다. 광고 비용의 효율화 뿐만 아니라, 구매 가능성을 높인다는 데 방점이 찍히는 것이다.

특정 개인에게 지갑을 열 만한 정보를 준다는 것은 비용 면에서 효율적이다. 1만 명에게 보여주기 위해 들였던 비용 대신 정말 이 제품을 구매할 만한 100명에게만 비용을 들이면 된다. 이는 비용과 노력, 시간의 효율성이라는 면에서 기업에게 도움이 된다.

무엇을(what): 무엇을 사는가

개인화 추천은 개인의 취향을 자극한다. 이런저런 개인화 추천 로직이 가능한데, 결국 크게 두 가지다. 첫째, '개인 A의 이력을 바탕으로 A라는 사람이 좋아했던 것을 보여주는 것'과 둘째, 'A와 비슷한 사람들이 있다면, A가 좋아하는 것을 그 사람들도 좋아할 것이라 가정하고 보여주는 것'이다.

개인의 이력을 기반으로 보여주는 것은 그리 어려운 일이 아니다. A가 가장 최근에 구매한 것, 지금까지 구매한 것 중에 가장 많이 산 것을 보여주는 것이 기본적이다. 꼭 구매한 이력이 아니더라도, 웹이나 앱에서 '오늘 클릭한 항목'을 보여주는 것도 마찬

가지 기능이다.

이렇게 개인 A의 구매 취향이 잘 쌓였다면, 이 사람과 비슷한 또 다른 사람 B와의 연관성을 찾아볼 수 있다. A와 B가 비슷한 사람이라고 판별되었다고 하자(이 과정에도 데이터 분석이 필요하지만, 일단 판별되었다고 가정하자). A가 꽤 자주 구매하던 제품이 있는데 B가 그것을 산 적이 없다면, B에게 그 제품을 한 번 보여주는 것이다. 말하자면 '너 이거 좋아할 수도 있어, 소곤소곤' 이렇게 화면에서 말을 거는 것이다.

취향에 맞는 가능성을 보여주는 것은, 책 판매로 시작한 아마존이 참 잘하는 일이다. 옥스퍼드대학교의 빅토르 마이어 쉰버거 교수와 〈이코노미스트〉의 케네스 쿠키어 편집자가 펴낸 《빅데이터가 만드는 세상Big data》에서 아마존의 추천 엔진 사례를 볼 수 있다.

사용자 기반의 협업적 필터링에서는 사람들의 유사성을 계산해 추천한다. 만약 A가 구매한 목록과 B가 구매한 목록이 비슷하다면, A는 샀지만 B가 아직 사지 않은 것을 B에게 추천하는 방식이다. 그러나 당시엔 이 방식의 계산에 시간이 걸리는 편이라 고객 전체에 대해서 계산하기 어려웠다.

아마존의 그레그 린든은 새로운 해결책을 찾아냈는데, 바로

상품 기반의 협업적 필터링이다. 사람보다 수가 적은 상품 간의
유사성을 계산하는 것이다. 예를 들어 A상품을 산 사람과 B상품
을 산 사람이 많이 겹치면 A와 B는 유사한 상품이라는 식으로
추천의 규칙을 만드는 것이다.

이렇게 상품을 기반으로 한 추천 방식은 좀 더 용이한 편인데,
특히 콘텐츠는 취향에 기반을 둔 추천을 하기 참 좋다. 영화 추천
플랫폼 왓챠플레이는 광고에서 대놓고 말한다. "○○를 좋아하

시애틀의 아마존 서점. 마치 웹에서 볼 수 있는 개인화 추천처럼, '당신이 이 책
을 좋아한다면, 이 책도 좋아할 거야'라는 큐레이션을 매장에 구현했다.

면서 ××를 보지 않았다는 것은, 키스는 했는데 뽀뽀는 안 했다는 것"이라고. 광고에서 이렇게 말할 수 있는 자신감은 바로 데이터에 기반을 둔 취향 분석에서 나온다.

제품에 기반을 둔 분석은 기존 제품의 판매 전략뿐만 아니라 신제품을 만드는 데도 매우 도움이 된다. 기존 고객이 좋아하는 취향을 기반으로, 우리 브랜드가 갖추지 못한 '비어 있는 시장'을 발견할 수도 있다. 혹은 새로운 제품을 론칭할 때 '이 취향을 가진 고객군은 반드시 이 신제품을 좋아할 가능성이 높다'라고 확신할 수 있게 된다.

언제(when): 제품이 언제 팔리는가

영수증에 찍힌 시간 데이터는 어떻게 활용하느냐에 따라 정말 엄청나게 다양한 변주가 가능하다.

제품이 언제 팔리는지를 파악하는 것은 무척 중요하다. 월간으로 마감을 하면서 '왜 이번 달 실적이 이 모양이냐!'라고 한탄을 해봤자 원인을 파악할 수 없다. 어느 요일, 어느 시간대에 무엇이 특히 많이 팔리고 적게 팔리는지 알아야 한다.

요즘에는 특정 요일이나 특정 시간대에만 혜택을 주는 프로

특정 요일이나 특정 시간대에 세일을 할 때는, 잘되는 시간대에 더 잘되게 할지, 안 되는 시간대에 조금이라도 힘을 실어줄지 결정해야 한다.

모션이 많아졌다. 이는 더 많이 팔리는 시간대를 활성화하거나, 적게 팔리는 시간대에 고객을 유도하기 위한 것이다. 이렇게 시간은 양방향으로 활용할 수 있다.

시간으로 쪼갠 데이터를 확인해야 목표 실적을 적절하게 분배할 수 있다. 무조건 목표를 준다고 달성할 수 있는 건 아니다. 어느 시즌에 얼마쯤 달성해야 할지 파악하고 있어야 한다. 어느 시간대를 공략해서 판매를 촉진할 것인가? 좀처럼 사람이 모이지 않는 시간대를 포기할 것인가? 아니면 포기하지 않고 어떻게든 사람을 끌어모을 것인가?

이때 영수증은 '한 사람' 혹은 '한 테이블'의 단위가 된다. 영수증이 많이 찍힌 시간대가 집객이 많이 된 시간대인 것이다. 매출이 높은 것과도 당연히 상관이 있지만, 이례적으로 한 사람이 한 번에 많은 금액을 지불해 매출이 올라간 경우도 있으므로 분리해서 생각해볼 수도 있다.

영수증 데이터에 나타난 시간은, 멤버십 데이터일 때 또 다른 의미도 생긴다. 한 개인이 한 달에 몇 번 방문하는지 알 수 있고, 직전 방문과 이번 방문의 간격도 계산할 수 있다. 방문 빈도와 간격을 활용한 대고객 이벤트를 기획할 때 가장 적절한 기간과 빈도 설정이 가능해진다. 어떤 이벤트 전후에 돈을 덜 썼는지 더 썼는지도 비교할 수 있다.

시계열 데이터는 평범한 데이터에 날개를 달아준다. 주식 차트가 대표적이다. 주식의 현재 가격 자체는 그냥 현재를 보여줄 뿐이다.

소비자 가격을 보고 과자를 사는 사람이 미래를 바라보는 경우는 거의 없다. '이 과자가 지금은 500원이지만 나중에 1,000원의 가치가 있을 거야'라든가, '이 과자는 내가 어릴 때 100원이었는데, 지금은 500원이라니······. 사먹을 마음이 안 드는데' 같은 생각을 하는 사람은 거의 없을 것이다. 그냥 현재 숫자(가격)만 중요하다.

그러나 주식 차트는 현재, 시간대, 일, 주, 월, 연간 변화를 파악하는 것이 매우 중요하다. 안다고 해서 모든 것을 예측할 수는 없지만 현재 어느 위치에 있는지는 자각할 수 있게 된다. 시간에 따른 수치의 변화를 보고 수익을 따질 수 있다.

처음 도입한 지표의 경우 '그래서? 이게 무슨 의미가 있는데?'라는 소리를 듣기 십상이다. 꾸준히 데이터를 모아 변화량을 보여주어야 한다. 한순간의 데이터는 보잘것없어 보일 수도 있지만, 변화에서 의미를 찾아낼 수 있기 때문이다.

어디서(where): 어디에서 사는가

매장의 위치는 상권과 함께 아주 다양하게 분석할 수 있다. 어디서 샀는지를 알아야 물량을 어디에 배분할지 알게 된다. 멤버십에 가입한 영수증 데이터를 활용할 때 더욱 유용하다. 어느 곳에서 구매했는지를 이동 동선으로 파악할 수 있기 때문이다. 매장 간 비슷한 고객이 겹치며 발생하는 잠식도 계산할 수 있다.

오프라인과 온라인 매장의 경계가 더욱 모호해지는 요즘, 똑같은 물건을 어디서 구매했는지 알 수 있으면 오프라인 매장을 더욱 효율적으로 관리할 수 있다. 기업 입장에서는 결국 똑같은

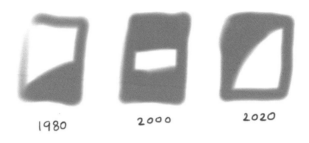

1980   2000   2020

장수하는 과자는 포장이나 중량, 가격이 변화하는 경우가 있다. 사람들은 지금 이 과자가 얼마인지는 별로 관심이 없다. 그러나 이러한 변화 자체도 모아보면 흥미로운 데이터가 된다.

매출이므로 소비자가 어디서 더 많이 구매하는지 알게 된다면, 각 매장에 실적 압박을 줄 필요가 없어진다.

인구와 유행의 흐름을 제대로 파악하고 있어야 죽어가는 상권과 살아나는 상권에 위치한 매장을 효율적으로 지원할 수 있다.

어떻게(how): 어떤 지불 수단으로 샀는가

어떤 지불 수단을 사용했는지 영수증 단위로 분석을 해보면, 어떤 결제 방법을 활성화해야 할지 트렌드를 파악할 수 있다. 현금, 신용카드, 쿠폰, 상품권 등 지불 방법에 따라 수익도 달라질 수 있고, 그 방법을 활용해 이벤트를 진행할 수도 있다.

몇 년 새 모바일로 선물하는 기능이 활성화되어서 일종의 '쿠폰'처럼 사용하고 있다. 이러한 새로운 지불 방법이 우리 기업에 도움이 되는지 아닌지 일단 파악해야 한다. 대세를 거스르라는 의미는 아니다. 흐름은 막으려고 해봤자 소용이 없다. 마치 무료 메신저의 대항마로 통신 3사가 무제한 메시지와 비슷한 플랫폼을 내놓았다가 흔적도 없이 사라진 것과 비슷하다. 오히려 흐름을 인정하고 그 흐름을 어떻게 활용할지 고민하는 편이 낫다.

특정 지불 수단을 활성화시키고 싶다면 초기 비용을 들여서라도 고객이 그 수단을 활용하도록 만들어야 한다. 만약 할인 프로모션을 다양하게 시도해보았다면, 어떤 연령대, 어떤 지역에서 그 할인 방법에 대한 반응이 좋았는지 파악해두어야 한다. 이것이 오프라인에서의 A/B 테스트(여러 개의 대안을 가지고 무엇이 더 효과가 좋은지 빠르게 시험해보는 테스트)가 될 수 있다.

만약 이러한 성향을 잘 분석하지 않으면, 마케팅에 드는 비용은 비용대로 쓰면서 순익을 제대로 내지 못할 가능성이 있다. 요즘에는 지불 수단을 선택하는 행위 자체에도 유행이 있기 때문에 각 지불 수단별 이용자의 특성을 잘 파악하면 지불 수단과 프로모션 타깃을 함께 설정할 수도 있다.

왜(why): 왜 그런 행동을 했는가

지금까지 살펴본 영수증 분석에서 '왜'를 발견해야 한다. 그것이 바로 소비자의 행동 원리다. '소비자가 왜 이 제품을 이 시간대에 샀을까', '왜 그 제품을 그곳에서 샀을까', '왜 이 쿠폰을 더 많이 썼을까'를 궁리해야 한다. 이러한 원리들에 대해서 파악해놓으면 다음 프로젝트를 기획할 때 정말 유용하게 사용할 수 있다.

만약 이에 대해 정확히 파악할 수 없다면, 그 이유를 묻는 설문 조사라도 해야 한다. 소비자들이 왜 그랬는지 내가 단정할 수 없을 땐 직접 물어보는 것이 낫다. 데이터 분석 없이 설문부터 시작하면 피상적이거나 단편적인 문답으로 이루어진 분석이 될 수 있다.

잘 만들어진 영수증 데이터는 열 테이블 부럽지 않다

영수증, 즉 POS 데이터만 잘 정리되어 있어도 단순 통계 처리만을 위한 매출 관련 자료가 거의 필요하지 않다. 별도로 처리한 데이터는 지표들을 빠르게 파악하기 위한 대시보드(자동차 계기

판처럼 자주 보는 주요 도표들을 한눈에 볼 수 있게 만든 것)에 필요할 수 있는데, 결국 그 집계 자료도 다 기초적인 영수증에서 시작된다.

영수증 집계표에는 모든 데이터의 키 값key value이 들어가 있다. 누가, 언제, 어디서, 무엇을, 어떻게, 얼마 주고 샀는지에 대한 연결고리가 들어 있다. POS 데이터만 제대로 정리되어 있으면 다른 테이블과 연결해서 풍성한 의미를 찾을 수 있다.

반면 데이터가 정비되어 있지 않으면 분석은 끝없이 꼬여만 갈 것이다. 이 데이터가 맞는지 맞춰보다가 시간을 다 허비할 수도 있다. '쓰레기를 넣으면 쓰레기가 나온다'라는 표현처럼, 영수증 단위의 데이터가 틀리는데 총계가 맞을 리 없다.

실무자를 위한 가이드: 영수증 데이터 분석

영수증의 고유 번호가 다른 모든 데이터와 연결될 수 있도록 단서를 만들어야 한다. 예를 들어 하나의 영수증 번호가 고객 고유 번호와 연결되어 있으면 멤버십 데이터와 연계 분석이 가능해진다(who). 영수증 번호가 매장 번호와 연결되어 있으면 매장의 특성과 연계 분석할 수 있다(where). 영수증 번호가 제품 고유 번호와 연결되어 있으면 제품 패턴과 연결할 수 있다(what). 영수증 데이터를 일자별 프로모션이나 공휴일 등으로 나누어볼 수 있는 시계열 데이터와 연결해 시기를 분석할 수도 있다(when).

이 단순한 원리를 제대로 적용하지 않은 채 데이터를 쌓아두기만 하면, 나중에 데이터를 정제하는 데 굉장히 많은 시간과 노력을 들여야 한다.

정말 놀랍게도 추후 무엇을 분석할지를 고려하지 않은 채 데이터를 쌓아만 두는 기업이 많다. 기업은 반드시 시간이 흘러 분석하고 싶은 것을 염두에 두고 데이터를 쌓아야 한다.

3.

소비자의 마음은
날씨에 따라 달라진다

비오는 날엔 도무지 쇼핑하기가 어렵다

소비자는 날씨에 따라 기분이 달라지기도 한다. 어떤 사람은 비가 오면 축 처진다고 하고, 다른 사람은 비가 오는 날이 좋다고 한다. 이러한 기분 변화는 결국 소비의 변화, 기업 입장에서는 매출의 변화로 이어진다.

길거리 매장을 갖고 있는 기업이라면 누구나 '비 오는 날의 매출 하락'을 고민할 수밖에 없다. 비 오는 날의 매출 하락은 단지 기분만의 문제가 아니라, 실제 '비 오는 날에는 우산을 쓰고 다녀야 한다'라는 것도 한몫을 한다. 손에 가방 말고도 우산 하나를

비오는 날, 우산의 존재는 소비자들의 행동에 변화를 준다.

들고 다녀야 한다는 것은 오늘을 살아가고 있는 우리에게 대단한 부담이 된다.

맑은 날 거리를 살펴보자. 웬만한 사람들은 모두 한 손에 무언가를 들고 있다. 한 손에 휴대전화나 가방 같은 짐을 들고 다녀야 하는 사람들에게 우산은 비오는 날 외출하는 데 큰 장애물이 된다. 한 손에는 우산, 한 손에는 휴대전화. 팔이나 어깨에 가방을 메면 이미 용량 초과다. 이 와중에 자가용 없이 외출을 하고, 우산을 펴고 접으면서 길거리에 있는 매장에 들러 쇼핑까지 하는 데에는 굉장한 노력이 필요하다는 걸 짐작할 수 있다.

소비자 행동도 소비자심리학에서 다루는 데이터 중 하나이다. 소비자의 마음을 찾는다고 하니 '비가 오니까 심신이 다운되어서 어쩌구……' 하는 이야기를 기대했을지도 모르겠다. 물론 그런 사람이 있을 수도 있다. 그러나 그건 정말 개인의 심리적 기제에 의한 것이고, 개인차가 크다. 좀 더 다수의 사람을 대상으로, 측정 가능한 행동으로 설명한다면 우산 때문에 소비가 위축된다고 보는 것이 하나의 가설이 될 수 있다.

우산 때문에 소비를 안 한다고 하면 '당연한 소리 아니야?'라고 여길지도 모르겠다. 그러한 당연한 소리를 합리적으로 증명하는 것이 데이터 분석가가 할 일이라고 생각한다('당연한 소리'에 대해서는 뒤에서 다시 다루겠다).

소비자는 길 하나 건너는 것도 몹시 귀찮아한다. 차도 하나를 사이에 두고도 사람이 구름떼처럼 모이기도 하고, 발길이 뚝 끊기기도 한다. 최근엔 "누가 촌스럽게 매장을 도심 한복판에 내느냐"라고 할 만큼 골목길이 더 멋있다는 인식이 많이 생겼다.

찾아오기 어려운 매장은 브랜드의 매력을 알고 찾아오는 팬을 위한 재미 요소다. 일반적으로 염가에 많이 판매하는 박리다매 제품의 매장은 가시성이 중요하고, 간판의 영향도 무시할 수 없다. 내가 제품을 잘 만들기만 하면 비바람을 뚫고 소비자가 찾아오리라고 생각하는 것은 희망사항에 그칠 확률이 크다. 어쨌든, 소비자는 길을 한 번 더 건너는 것도, 궂은 날씨에 우산을 들고 쇼핑하는 것도 좋아하지 않는다.

그래도 희망이 있는 곳은 실내 건물에 입점한 매장이다. 일단 건물 안에서 돌아다닐 땐 우산을 들 필요가 없으니, 짐 하나를 덜었다. 우산을 접고 펼 필요가 없으니 매장에 들르는 것도 덜 번거롭다. 대형 복합 쇼핑몰이라는 한 공간에서 외식과 쇼핑 등을 한 번에 해결하면서 하루를 보내고자 '몰링malling'을 위해 모여드는 사람도 많다. 몰이나 백화점 안에 위치한, 먹고 마시는 매장은 확실히 날씨의 영향을 덜 받는다. 오히려 궂은 날씨에 매출이 오르는 경우도 있다. 물론 집 밖에 나가거나 차로 이동하는 것조차 위험할 만큼 엄청난 폭설과 폭우가 오는 경우는 예외다. 그런 날은 그냥 아무도 밖에 다니지 않을 테니, 논외로 하겠다.

날씨의 영향을 거의 받지 않는 매장이 또 있다. 병원 안에 있는 매장이다. 아픈 사람들이 날씨가 좋지 않다고 병원에 가는 것을 미룰까? 장례식이 있는데, 날씨가 좋지 않다고 장례식을 미룰까? 당연하게도 날씨 상황과 관계 없는 공간에 있는 매장은 날씨의 영향을 거의 받지 않는다.

공항도 날씨의 영향을 적게 받는다. 어떤 날씨여도 예약한 비행기 시각에 맞춰 공항에 온다. 폭우나 폭설로 지연되는 경우, 공항에 머무르는 시간이 더 길어져 오히려 구매 증가로 이어질 가능성도 있다. 스타벅스코리아에서 가장 매출이 높은 매장 중 하나는 공항에 위치한 매장이다. 공항점은 예외적으로 24시간 운영하고, 휴가철에 10퍼센트 이상 매출이 오른다.

그럼 날씨 분석은 어떻게 하면 좋을까? 우선 그간 날씨에 따라 판매한 품목을 먼저 분석한다. 특정 기온이나 눈·비, 최근엔 미세먼지 농도에 따른 판매 품목까지 확인하고, 분석에 반영한다.

그런데 날씨를 분석할 때 일자를 기준으로 전국 매출을 분석하게 되면 놓치기 쉬운 것이 많다. 일단 전국의 날씨가 각 지역마다 다르다. 물론 여름이나 겨울과 같이 계절에 대한 분석은 가능하지만, 같은 서울 하늘 아래서도 어디선 비가 오고 어디선 비가 오지 않는다. 아침에 비가 오다가 오후에 그치거나, 출근할 때만 해도 맑았는데 퇴근할 때쯤 눈발이 날리는 경우도 있다.

앞서 말했듯이 매장의 특성도 고려해야 한다. 어떤 매장은 날씨의 영향을 많이 받고, 어떤 매장은 적게 받는다. 마케팅 전략이나 프로모션 행사로 인해 이 현상이 뒤바뀌어 나타나는 날도 있다.

이처럼 날씨 분석은 까다로운 편이다. 고려해야 하는 요인이 굉장히 많다. 그런데다가 일기예보 자체가 자주 틀린다. 이상적으로 생각하면 물류 예측 모델에 날씨 변수를 넣고 일기예보에 따라 발주를 다르게 하고 싶을 것이다. 하지만 발주라는 것이 배송시간 등 일정 기간이 필요하다 보니, 그 며칠 사이 기상 상황이 바뀔 수도 있다. 아침에 분명히 비가 온다고 했는데 안 오는 경우가 많고, 점차 기후가 안정적이지 않게 되다 보니 예상치 못한 일이 많아진다. 이러다 보니, 일기예보와 연동한 발주 모델이 제대로 기능하지 않을 확률이 높다.

그렇다면 발주가 필요한 매장에서 날씨 분석은 의미가 없는 일인가? 날씨 변화에 따라 매장에서 변화를 줄 수 있는 대응법도 가능하다. 지금은 단종되었지만 한국 스타벅스엔 비가 오면 특별히 내어놓고 파는 '레이니 데이 카드'가 있었다. 비 오는 날에만 판매하며 다음 비 오는 날에 그 카드로 결제하면 혜택을 주었다. 유통기한도 없고 적재도 간편한 제품을 중심으로 고객 행동을 유도하는 것은 안전한 마케팅 방법이 될 수 있다.

추운 날 돌아다니기 싫은 건 당연하다

겨울이 되면 대부분 매장에서 아침과 저녁 매출이 떨어지는 경향이 생긴다. 흔하게 볼 수 있던 노천 레스토랑에 가는 것도, 쇼핑을 하는 것도 힘들어질 수밖에 없다. 빨리 집에 가서 따뜻한 방에서 이불 덮고 눕고 싶지 않은가. 추워서 1분도 더 실외에 있기 싫은 날씨엔 실내로 가고 싶을 수밖에 없다.

그럼에도 겨울에 매출을 높일 수 있는 방법은 없을까? 며칠이라도 소비자의 행동을 잘 쪼개서 살펴보자. 작년과 그 이전 연도 매출 자료가 있다면 더 좋다.

추운 날씨 중에도 유난히 잘 팔리는 품목이 있을 것이다. 혹은, 겨울이라면 필연적으로 따라오는 '크리스마스'나 '연말연시', 혹은 '설날' 같은 특수한 상황에 맞춰 기대할 수 있는 매출이 있다.

사람들은 연말연시에 늘 뭔가를 정리하고 다짐한다. 그 다짐에 따라오는 것이 무엇인지 살펴보는 것도 하나의 방법이다. 나, 혹은 주변 사람부터 살펴보자. 다이어트를 다짐하며 운동이나 식단에 관련된 계획을 세우지는 않았나? 저축을 더 잘해보겠다면서, 뭔가를 줄이는 대신 더 구매하게 된 건 없나? 외국어 실력을 키우는 등의 공부를 위해 교육이나 서적에 더 많은 지출을 하지는 않았나? 이러한 패턴이 1월에 특히 두드러지면서 내가 속한 회사의 제품이나 서비스에 조금이라도 영향을 미친 부분은 없나? 이 부분을 극대화하려면 어떻게 해야 하나?

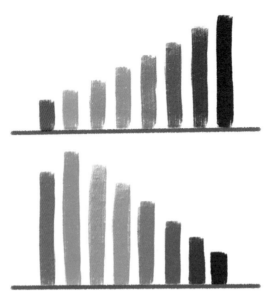

더울 때 잘 팔리는 것과 추울 때 잘 팔리는 것들을 살펴보자. 기온과 아무 상관이 없는 제품도 있겠지만, 계절은 필연적으로 기온과 맞닿아 있다. 기온 데이터가 없다면 월별 데이터라도 살펴보자.

이런 고민에 대한 답을 얻기 위해 데이터를 활용해야 한다. 높아지거나 떨어지는 매출의 이유가 '연말연시이니까'라고 답하는 것은 1차원적인 답변이다. 연말연시에 사람들이 어떤 마음으로 지갑을 열고 닫았는지 알아야 다음을 준비할 수 있다. 데이터는 논리적인 사고를 뒷받침해주는 증거가 될 것이고, 앞으로의 기획을 만들어주는 지지대 역할을 할 것이다.

실 무 자 를 위 한 가 이 드 : 날 씨 데 이 터 분 석

날씨 데이터로 무엇을 알고 싶은지 목적을 정했는가? 그럼 이제 날씨를 분석하는 기초 단계를 준비하면 된다.

당연한 이야기이지만, 회사에서 날씨 데이터를 보유하고 있는지부터 확인하자. 매장이나 지역 단위로 지난 날씨 데이터를 저장하고 있는지, 아니면 새롭게 외부 데이터를 끌어와야 하는지 확인하자.

회사에서 데이터를 분석할 때 실제 기계와 연결되어 있지 않은 가상 머신인 버츄얼 머신 안에서 반드시 해야 한다면, 분석 가능한 내부 서버에 날씨 데이터를 확보하는 것이 필요하다.

날씨 데이터는 기온, 강수량 등 우리가 일기예보에서 흔히 접하는 항목이 포함된다. 이 데이터에는 '시각' 정보와 '위치' 정보가 함께 있어야 한다. 그래야 우리 회사의 '판매 시각'과 '매장 위치'를 연결할 수 있다. 판매 시각과 매장 위치를 연결했으니, 회사의 내부 데이터와 날씨의 연결고리가 생긴 것이다. 이제 당신은 날씨와 함께 매출 분석, 매장 분석, 제품 분석을 자유롭게 할 수 있는 전처리 데이터를 만들었다.

날씨 분석에서 조금 까다로운 부분은 '하루의 기온은 하나가 아니라는 것'이다. 사람들이 흔히 말하는 것처럼, '추운 날'은 존재할 수 있다. 그러나 그 추운 날의 기온은 몇 도인가? 사실 한 시간 동안에도 기온은 달라질 수 있다. 가게 문을 오전 10시에 연다면, 오전 6시의 기온은 매출에 큰 영향을 미치지 않을 수도 있다. 기온은 보통 최저기온과 최고기온으로 저장된다.

일평균 기온이 아닌 시간대별로 기온 데이터를 활용하는 것이 좀 더 구체적인 매장 운영 방안이나 제품 판매 전략을 세울 수 있어서 좋다. 그래서 사실 분석할 때도 까다로울 뿐만 아니라 일반적인 사람들이 이해하기 힘들다. 이를테면, 기온이 5도 올랐을 때 매출이 2퍼센트 늘었다고 가정해보자. 그럼 보통 사람들은 '어, 일주일 전보다 5도 따뜻해졌으니 매출이 2퍼센트 늘겠구나'라고 생각한다. 완전히 틀린 예측은 아니지만, 전국의 매장이 동시에 5도 오르는 경우는 많지 않다. 혹은 오전의 5도와 오후의 5도, 저녁의 5도가 다르다. 그리고 매장이 밀집한 지역에서 기온이 오르는 것과 내 매장이 한 곳도 없는 지역에서 기온이 오르는 것은 차이가 있다.

기상청의 일기예보도 갖가지 패러디를 하는 경우가 많은데, 날씨를 예측하거나 실시간으로 분석하기는 정말 어려운 일이다. 따라서 날씨 예측을 활용한 프로젝트는 성공하기 쉽지 않다. 일기예보 자체가 맞아야 프로젝트가 성립할 수 있기 때문이다.

그러므로 가능하다면 계절이나 기간을 충분히 이용하는 것이 더 좋다. 유통 기한이 짧지 않은 재고를 가지고 있는 경우가 날씨를 활용한 마케팅을 하는 데 더 좋다. 혹은 이미 '배달 시간'을 확보하고 있는 이커머스에서 날씨 활용 이벤트를 하면 리스크가 적다.

4.
소비자의 마음은
가끔 거짓말을 한다

소비자는 마음을 솔직히 드러낼까?

신문기사를 비롯해 여러 매체에서 설문 조사 결과를 쉽게 볼 수 있는데, 대부분 '소비자의 마음을 대변할 수 있다'는 데 의의를 둔다. 시장 조사를 전혀 하지 않은 상태로 기업이 독단적으로 제품을 만들거나 마케팅을 하는 것보다는, 소비자 반응을 살피는 것이 좋다. 그리고 최대한 많은 데이터를 참고해서 의사 결정을 내리면 실패의 위험을 줄일 수 있다는 장점도 있다.

그런데 가끔 소비자들은 자기도 모르게 거짓말을 한다. 그래서 설문 조사 결과를 믿고 시작한 프로젝트가 완전히 실패하는 경우도 있다. 물론 소비자가 일부러 그러는 것은 아니다. 기업이 소비자의 응답 경향성에 대해서 충분히 알지 못하는 경우에 프로젝트가 실패하는 케이스를 쉽게 찾아볼 수 있다.

초고속 인터넷이 들어오기 전이었다. 사람들은 집 전화와 모뎀 방식에 익숙했다. 기업에서 인터넷에 대한 소비자 반응을 설문 조사했다.

"초고속 인터넷이 생긴다면, 집에 설치할 용의가 있습니까?"

설치하겠다고 긍정적인 답변을 한 소비자는 절반도 되지 않았다.

거의 대부분의 가정에서 초고속 인터넷을 사용하는 지금을 보면, 소비자들은 거짓말을 한 셈이다. 그러나 당시 소비자들은 초고속 인터넷이 무엇인지조차 잘 몰랐을 것이다. 무엇이 좋은지 나쁜지, 심지어 그게 뭔지도 모르는데 소비자가 제대로 답변할 수 있을 리가 없다.

만약 "사용하겠다는 소비자가 얼마 없으니, 인터넷 사업은 중단합시다"라고 의사 결정을 했다면, 한국의 인터넷 시장은 지금보다 훨씬 뒤처졌을 것이다.

"사람들은 보여주기 전까지 자신들이 원하는 것이 무엇인지 모른다"라며 소비자 조사를 하지 않았다는 스티브 잡스의 의견은 여기서도 일부 맞는 말이다. 본 적이 없는데, 어떻게 그것이 좋고 싫은지 판단할 수 있겠는가?

그러나 소비자의 행동 경향성에서는 잘 변하지 않는 원리가 있다. 그것을 전문적으로 연구하는 것이 'UX$^{User\ eXperience}$(사용자 경험)'일 것이다. 소비자의 응답을 곧이곧대로 믿는 것이 아니라, 그 이면에 있는 소비자의 행동 원리를 읽으려고 노력해야 한다. 소비자 조사 설계의 중요성이 여기에 있다.

데이터는 많을수록 좋다

데이터는 많을수록 좋다. 이건 빅데이터에만 국한되는 이야기가 아니다. 설문 조사 결과도 데이터가 많을수록 좋다. 이때 데이터가 많다는 것은, 무조건 많은 사람을 조사해야 한다는 것이 아니다. 과거에도 동일한 내용을 지속적으로 질문했거나, 지역이나 고객 연령대 등을 다양하게 갖추고 있는 것이 좋다는 의미다.

회사에서 'Usage and Attitude$^{U\&A}$(기업에 대한 이용이나 태도를 지속적으로 설문 조사하는 것)'란 이름으로 시장 조사를 계속하는 것이 이런 노력의 일환이다. 몇 해가 지나든 동일한 질문을 쌓아 그 질문에 대한 답변이 어떻게 변화하는지 살펴보는 것이다. 그런데 브랜드 관점에서 인지도나 호감도를 조사하는 것만으로는 신제품의 흥행을 알아내기 어렵다.

따라서 신제품에 대한 소비자 조사 데이터도 제품 종류별로 가지고 있는 것이 좋다. 이번에 새롭게 론칭하는 제품에 대한 소비자 반응에 '얼마나 거짓말이 섞여 있는지' 추정하기 위해서다.

예를 들어, 저렴한 음료수 한 병이 신제품으로 나온다고 가정해보자. 소비자에게 묻는다.

"이 음료수 새로 나올 건데 마셔볼 생각 있나요?"

천 몇백 원 하는 음료수인데, 정말 싫어하는 맛이 아니라면 한 번 먹어보는 것조차 싫다고 할 소비자는 많지 않다. 만약 수십만 원짜리 와인이라면 어떨까? 수백만 원짜리라면? 아니, 다만 한 병에 몇만 원 하는 음료수라면?

하물며 사내 직원이나 지인들을 대상으로 질문한다면 더욱 긍정적인 답변으로 치우칠 수밖에 없다.

소비자가 하는 '좋아요'라는 말을 곧이곧대로 들으면 안 된다. 5점 만점의 '좋아요'에서 4점을 넘었다고 '이 제품은 대박이 날 거야!'라고 생각하면 안 된다.

과거에 출시했던 신제품에 대한 응답을 가지고 있다면 거짓말을 추정할 수 있는 단서가 생기는 셈이다. 소비자의 응답 대비 실제 판매량은 어땠는지 자료를 가지고 있다면, 이번 응답과 비교해볼 수 있다. 저렴한 제품에 대한 응답과 고가 제품에 대한 응답도 비교해볼 수 있다. 제품군에 따른 차이도 볼 수 있다.

재구매에 대한 경향성도 찾아볼 수 있다면 더 좋다. 한 번은 마셔볼 수 있지만, 재구매는 더 나아간 행동이다. '한 번 마셔보지 뭐'라는 것과 '앞으로도 계속 마시겠다'는 다르다. 이런 재구매 성향도 다각도로 분석할 수 있는 주제다.

기준을 만들기 위해서는 데이터가 많이 필요하다

앞에서도 언급했지만 데이터가 많다고 무조건 좋은 건 아니다. 그 많은 데이터는 새로운 데이터와 비교할 기준을 만들기 위해 필요하다. 이 경우 데이터의 목적은 '기준 만들기'다.

많은 프로젝트에서 데이터의 기준을 만드는 일을 간과한다. 완벽한 신생 회사, 철저한 신규 제품의 경우 과거 사례가 없으니 그럴 수도 있다. 그렇지만 어떻게든 다른 회사와 비교를 해서라도 비교점을 만드는 것은 필요하다. 실험에서는 '대조군', 아무런 처치를 하지 않은 집단이 있어야 실험의 효과를 제대로 알 수 있

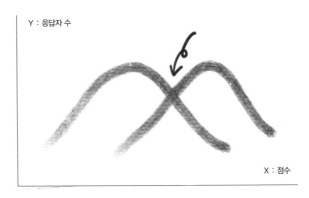

Y : 응답자 수

X : 점수

같은 점수라고 결과도 같은 것은 아니다. 화살표 지점은 왼쪽 곡선의 그룹에서는 높은 점수, 오른쪽 곡선의 그룹에서는 낮은 점수가 된다. 이처럼 어느 그룹, 어느 기준을 가지고 있는지에 따라 전혀 다른 평가를 할 수 있다.

다. 데이터 분석과 설문 조사도 마찬가지다. 기준 없이는 설문의 결과를 제대로 보여줄 수 없다.

설문 문항의 5점 응답을 다시 예시로 들어보겠다. 신제품에 대한 구매 의향을 조사했는데, 평균 3.9점이었다. 아, 약간 모호하다. 4점이 넘었다면 더 좋았을 텐데. 그래도 중간보다는 높으니까 좋아 보이긴 한다. 이때 미리 만들어둔 기준점이 있다면 어떨까? 이번 신제품이 음료인데, 과거에 '음료에 대한 구매 의향이 4.5점이 넘지 않으면 히트하지 못했다'라는 기준이 있다면 3.9점은 정말 낮은 점수가 될 것이다. 그런데 신제품이 전자제품이고, 과거 전자제품에 대한 구매 의향 평균 점수가 3.3점이었다면 어떨까? 3.9점은 높은 점수가 될 것이다. 기준에 따라 3.9점에 대한 평가는 달라진다.

사실, 축에 따라 '5점에 가까우면 좋은 점수야!'라고 생각해도 틀리지는 않다. 좋다고 한 사람이 많으면 많을수록 신제품이 성공할 확률이 높아지는 건 맞다. 그러나 좀 더 정교하게 해석을 하려면 기준을 최대한 확보하고 있어야 한다. 기준이 없는 설문 조사 결과는 그냥 무중력 상태에 있는 결과가 된다.

같은 제품에 대해서 나라별로, 지역별로 다른 응답 성향이 있기도 하다. 한 글로벌 리서치 회사의 내부 분석에 따르면 관대한 응답 성향을 가진 나라도 있고, 굉장히 박한 응답을 하는 나라도 있다. '응답한다고 돈이 드는 것도 아닌데 점수를 후하게 주지 뭐!'라고 생각하는 사람도 있고, 아주 엄격하게 응답을 하는 경우도 있다. 이러한 성향까지 파악한다면 설문 조사 결과를 더 정밀하게 분석할 수 있다.

말하자면, 좋다고 했다고 정말 좋다는 게 아니라는 것이다. 소비자가 일부러 거짓말을 하는 건 아니다. 숫자는 중립적이다. 단지 그것을 해석하는 기업이 소비자의 거짓말을 파악할 만큼 내공이 있어야 정확한 조사 결과를 얻을 수 있다.

인지도, 호감도, 구매 의향, 지불 가능 금액

설문 조사가 참 어려운 이유 중 하나는 응답자가 '자기 보고 식'으로 응답하기 때문이다. 자기 보고식이란, 스스로 생각한 것을 스스로 적는다는 것이다. 누군가가 생각하고 스스로 적는 것은 그 사람 입장에서 다분히 주관적이다. 기업이 의도한 질문에 대해 응답자는 각자 다른 생각을 가지고 답한다. 그 응답을 받아든 기업은 단 하나의 가능성으로 응답을 해석한다. 거기서 기업과 소비자의 동상이몽이 일어난다.

'자기 보고식 설문 조사'의 어려움에 대해서 생각해보자.

지금 주변 인물 중에 "나 정도면 좋은 팀원이지 않아?"라고 말하던 이를 한 명 떠올려본다. 그러나 당신 생각에 그는 좋은 팀원이 아닌 것 같다. 그 사람에게 설문 조사를 한다고 가정해보자.

Q. 당신은 좋은 팀원입니까?

분명히 그 사람은 "그렇다"라고 응답할 것이다. 그런데 익명이 보장된다는 가정하에, 당신에게 그 사람의 평가를 맡긴다고 해보자.

Q. ××씨는 좋은 팀원입니까?

당신은 솔직하게 "아니다"라고 응답했다. 이 경우, 자신과 타인의 응답이 동일하게 나올 가능성은 낮을 수 있다.

또 다른 예를 생각해보자.

당신은 속으로 특정 지역 사람들을 좋아하지 않는다. 과거 어떤 시절엔 지역에 대한 편견을 이야기해도 괜찮은 분위기였지만, 점점 '지역 차별'을 하는 것은 좋지 않다는 인식이 당연하게 되었다.

설문 조사에 참여했는데 다음과 같은 질문을 받았다.

Q. 당신은 ××지역에 대한 차별을 하고 있습니까?

자신 있게 "그렇다"라고 응답할 사람은 거의 없다.

Q. 당신은 ××지역을 좋아합니까?

이러한 질문에서는 꼭 "그렇다"라고 응답하지 않을 수도 있다.
똑같은 속마음을 갖고 있는데, 질문에 따라 사람들의 응답은 달라진다. 설문 조사는 얼마든지 문제의 톤을 바꾸어 다른 응답을 유도할 수 있다. 그리고 응답을 하는 사람조차 늘 솔직하지는 않다.

이제 기업과 제품에 대한 설문 조사 상황을 가정해보자.

기업이 소비자에게 "이 신제품 좋아?"라고 물어봤다. 소비자는 "좋다"라고 말했다. 그래서 매우 높은 평균 점수를 얻었다. 그렇게 신이 난 기업은 신제품을 출시했지만 판매는 그다지 신통치 않았다. 이때 기업이 소비자를 다시 만나서 물어본다.

"이 제품 좋다고 했는데 왜 안 샀어?"

소비자가 대답한다.

"좋다고 했지 산다고 한 적 없는데?"

틀린 말은 아니다. 좋다고 한 것이 산다는 응답과 동일시될 수는 없다. 소비자는 그냥 그 제품이 좋다고 한 거고, 좋다고 하면 안 좋다고 할 때보다 살 확률이 높아질 수는 있다. 그러나 '좋다= 산다'는 아니다.

그래서 이번엔 기업이 질문을 바꿨다. "이 신제품 살 거야?"

그리고 소비자는 응답했다. "응 좋아, 살 마음 있어."

그런데 또 신제품의 판매가 저조했다. 속이 상한 기업이 다시 물어본다.

"이 신제품 산다며. 왜 안 샀어?"

소비자가 대답한다. "응, 산다고 했었지. 근데 그땐 이렇게 비싼 줄 몰랐어. 이거 너무 비싸. 비싸서 못 샀어."

이때 소비자가 거짓말을 한 건가? 거짓말을 하긴 했다. 그런데 설문 조사 당시 소비자는 '가격'이라는 정보를 가지고 있지 않았다.

극단적으로 말하자면 설문 조사로 실제 소비자의 행동을 정확하게 예측할 수 없다. 구매라는 소비자의 행동과 소비자의 실제 태도와 생각, 그리고 설문 조사 간의 간극이 좀처럼 좁혀지지 않을

소비자가 자신의 신제품을 좋아해줄 거라고 생각하는 기업과, 실제로 보고 나니 마음이 변하는 소비자와의 간극은 소비자가 직접 지갑을 열기 전까지는 알 수가 없다.

수 있다.

그러나 조금 다른 각도에서 보면, 리서치에 많은 시간과 금액을 들이는 기업이 결과적으로 좋은 제품을 만들 확률이 높다. 리서치가 제품에 도움이 될 수도 있고 안 될 수도 있지만, 그만큼 소비자에게 관심이 많고 소비자의 목소리를 듣기 위해 기꺼이 시간과 노력을 들이는 기업이기 때문이다.

결국 더 많은 데이터, 더 많은 리서치 결과를 가지고 있다는 것은 소비자를 더 많이 이해할 수 있는 단서를 가지고 있다는 것이다. 자기도 모르게 거짓말을 하는 소비자를 더 많이 알아가기 위해 기업이 노력한다는 것이다. 따라서 기업은 시계열적으로 이어진 데이터, 분야를 구획할 수 있는 데이터를 가지기 위해 애써야 할 것이다. 물론 그 데이터의 목적은 소비자를 더 깊이 이해하는 것이다. 이를 통해 소비자가 기꺼이 제품과 서비스를 구매할 수 있기 때문이다. 기업의 목적은 소비자가 원하는 제품과 서비스를 만드는 것임을 잊지 말아야 한다.

실무자를 위한 가이드: 액티브 데이터, 패시브 데이터 분석

소비자는 설문 조사에서 가끔 솔직한 자신의 마음보다 정답일 것 같은 것, 혹은 주관적인 대답을 한다. 그리고 선택형인 객관식 문항의 경우 기업이 제시하는 문항 순서에 따라 얼마든지 원하는 결과를 얻을 수 있다. 최대한 객관적인 정보를 얻기 위해 전문적인 설문 조사 문항을 구성하지 않는다면, 설문 조사를 하는 기업의 아전인수 격인 결과물이 나올 수 있다.

액티브 데이터는 거짓말을 하지 않는다. 소비자가 의도하고 데이터를 남기는 것은 아니기 때문이다. 그렇지만 결론부터 말하면, 액티브 데이터만이 정답은 아니다. 액티브 데이터에서 찾아낸 현상에 대한 이유는 추정할 수밖에 없기 때문에, 액티브 데이터로 알게 된 사실을 기반으로 원인을 확인하는 차원에서 패시브 데이터를 함께 보는 것이 필요하다.

만약 구매 빈도에 해당하는 "당신은 한 달에 ○○을 몇 번 구매하시나요?"와 같은 질문을 받았다고 해보자.

'내가 한 달에 몇 번 사더라? 두세 번인가? 선택지에 2회가 있으니까 2회라고 체크해볼까.'

그런데 실제로 당신은 네 번 샀을 수도 있다.

실제 신용카드 데이터, 혹은 멤버십 결제 기록 등 액티브 데이터로 확인했다면 정확한 결과를 얻을 수 있다. 기억에 의존하는 자기 보고식 응답을 보면 이렇게 단순한 질문에도 오답이 꽤 많은 편이다.

액티브 데이터로 구매 빈도나 구매 패턴 등 기본적인 팩트와 심화 분석을 진행한 뒤 아무리 해도 확인할 수 없는 막다른 골목에 이르렀을 때, 기업에 필요한 액션 아이템과 연결된 질문을 하는 것이 좋다. 처음부터 너무 기초적인 내용을 설문 조사를 통해 물어본다면, 그 결과를 본 뒤 또 다른 궁금증이 생길 것이다. 이미 프로젝트가 많이 진행되고 그 궁금증을 다시 물어볼 시간이나 기회가 없을 확률이 높다. 최대한 액티브 데이터를 통해 사실을 확보한 뒤 핵심만을 설문 조사로 확인하는 것이 효율적이다.

5.

어떤 장소에 있는지에 따라
소비자의 마음이 달라진다

이곳에서의 나와 저곳에서의 나는 다르다

당신은 회사에 있을 때와 집에 있을 때 완전히 똑같이 행동하는가? 부모님과 있을 때와 친구들과 있을 때 행동이 같은가?

보통 사람들은 장소에 따라 다른 행동을 한다. 그것은 비단 '역할'에 해당하는 것만은 아니다. 소비자가 어느 곳에 있는지는 소비 행동에 영향을 미친다.

당신은 모처럼 제주도로 휴가를 갔다. 한참 이곳저곳 돌아다니다 보니 오후가 되었다. 늘 이맘때쯤 마시는 커피 생각이 간절

해졌다. 당신은 어떤 커피숍에 가고 싶은가?

늘 마시던 커피 맛이 그리울 수도 있지만, 제주도까지 왔으니 예쁘다고 소문난 카페를 찾아서 가볼 수도 있다. 처음 보는 매장에서 처음 보는 메뉴를 시켜서 마시고 싶어졌다. SNS에서 사진으로만 보던 그 음료를 마시니 비로소 휴가를 왔다는 기분이 든다. 휴가를 왔으니 칼로리 걱정은 잠시 접어두고 알록달록한 케이크도 한 조각 주문해서 먹어본다. 평소엔 잘 먹지 않던 한라봉이 들었다는 초콜릿도 한 상자 사들고 나온다.

관광지에서는 일상과 완전히 다른 하루를 보내고 싶어 하는 사람이 많다. 때론, 나의 일상에서 벗어나 새로운 맛을 느껴보고 싶어지기 때문이다.

사무실에서 일하는 나와 제주도 관광지에서 휴가를 보내는 나는 같은 사람일까? 물론 물리적으로는 같은 사람이지만, 생각하는 방식과 구매하는 제품은 완전히 달라질 수 있다. 기업은 이 점을 기억해야 한다. 소비자는 어떤 공간, 어떤 맥락에 있느냐에 따라 전혀 다른 행동을 할 수 있다. 기업의 지역 특화 제품은 이러한 소비자의 마음을 이해하며 만들어야 한다. 만약 지역 특화 제품이 잘 팔리지 않는다면, 그 제품을 사야 했던 사람들이 가진 욕구를 왜 충족시키지 못했는지 다시 생각해보자.

다양성 추구 욕구

사람들은 한 가지 행동만 하기보다는 다양한 경험을 하고 싶어 한다. 이 현상을 소비자심리학에서는 '다양성 추구 욕구'라고 한다.

메뉴 A를 좋아하는 고객이 있다.

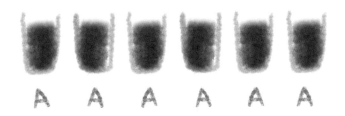

이 사람은 매일 같은 메뉴만 마신다. 그러나 아주 가끔 다른 메뉴를 마시는 사람도 있다. 다음은 가끔 B 음료를 마시는 사람이다.

그리고, 이런 사람도 있다.

이 사람은 날마다 다른 음료를 마신다. 다양성 추구 성향이 높은 사람이다.

아예 메뉴를 전환해 충성도를 보여주는 사람도 있다.

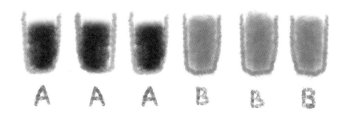

이렇게 사람들은 몇 가지 소비 패턴을 가지고 있다. 매일 같은 시각에 동일한 메뉴를 마시는 습관을 중요하게 여기는 사람도 있고, 새로운 메뉴가 나오면 꼭 마셔보는 사람도 있다.

소비자의 맥락 효과

사람들이 유난히 평소와 다른 메뉴를 선택하고 기꺼이 비싼 음료를 마시는 곳이 있다. 대표적인 곳이 관광지다. 예를 들어 하와이에 가서, 바닷가에서 마시는 칵테일 한 잔의 가격이 자주 다니던 바의 칵테일보다 좀 더 비싸다고 사먹지 않을 사람이 얼마나 되겠는가?

여행지에서 조금 다른 행동을 하고 싶어 하는 모습은 일반적으로 당연해 보인다. 소비자는 휴가지에서 일상과 다른 것을 느끼고 싶어 할 확률이 높기 때문이다.

꼭 휴가지나 관광지가 아니더라도 맥락 효과는 유효하다. 직장 근처에 있는 매장보다는 '몰'이나 '마트'에 있는 매장에서 좀 더 많은 돈을 쓸 확률이 크다. 몰에서는 "난 지금 돈 쓰러 이곳에 왔다"라고 뇌가 활성화되어 있을 확률이 높기 때문에 소비자가 조금 더 지갑을 쉽게 여는 경향이 있다.

반면, 일상적인 소비에서는 좀 더 알뜰하게 소비할 확률이 높다. 익숙한 환경에서는 충분히 정보를 모을 수 있고, 계획적인 구매가 가능하기 때문에 더 저렴한 제품을 구매하려는 성향이 강해진다.

공항에서의 행동도 떠올려보자. 면세점은 세금을 포함하지 않

아 '저렴하다'라고 인식한다. 그러나 사실 평소엔 자주 사지 않는
물건들, 상대적으로 고가인 제품들이 팔리고 있다. 비행기를 타
기 직전의 짧은 시간 동안 금액을 크게 생각하지 않고 급히 물건
을 사본 경험도 있을 것이다. 혹은 환전했던 금액을 마지막까지
소진하려고, 필요한 제품보다는 금액에 맞추어 물건을 사본 경
험도 있을 것이다.

소비자 자신은 온전히 소비 주권을 행사한다고 생각하겠지만,
많은 경우 맥락에 맞추어 소비한다. 어떤 맥락에 놓여 있는지에
따라서 자린고비가 될 수도, 씀씀이가 커질 수도 있다.

어떤 장소에 있는지는 날씨나 계절과도 관련이 있다.

날씨가 춥거나 비가 오면 실내 매장에 들어가는 사람이 많아
진다. 봄이나 가을엔 길거리를 걷다가 들르기 좋은 로드숍이 성
황이다. 공원 근처의 노천 카페도 붐빈다. 여름의 한낮이나 겨울
엔 노천 테이블은 쏙 들어가버린다.

겨울이 되면 특히 대부분 기업 매출이 널을 뛴다. 날씨의 영향
을 받다가도 연말이라는 특별한 시기에 지갑이 잘 열리기도 하
고, 새해라는 마음에 새로운 곳에 지출을 하는가 하면 지갑을 닫
아버리기도 한다. 이때 날씨의 영향과 장소의 상관 관계 때문에
지리적인 위치만으로 매출에 영향을 받기도 한다. 노천 재래시

장은 추위 탓에 사람들의 발걸음이 뜸해지다가 설날이 되면 또 다시 활기를 띤다. 계절과 날씨, 날씨와 장소는 계속 영향을 주고 받는 것이다.

실무자를 위한 가이드: 상권 데이터 분석

매장의 위경도 데이터가 확보되었다면, 그 매장의 위치와 연결할 수 있는 외부 데이터를 알아보아야 한다. 가장 간편한 방법은 GIS(지리정보시스템) 업체의 툴과 데이터를 구매하는 것이다. 당연히 가장 비용이 많이 드는 방법이다. 그러나 자체적으로 위경도 데이터와 기타 상권 정보를 수집하다 보면, 세밀한 위치 단위의 데이터가 충분하지 않음을 알 수 있다.

큰 단위의 지역(도나 시) 데이터는 어느 정도 구할 수 있지만, 엔지니어 중에서도 전문 인력이 아니라면 분석 전 단계인 정교한 데이터를 얻는 데에도 어려움이 따른다.

그러나 GIS를 들인다고 해서 끝이 아니란 것을 명심해야 한다.

목적이 없는 데이터는 그냥 비싼 도구에 지나지 않는다. 비싼 장비를 갖추어도 충분히 활용하지 못하는 일은 비일비재하다. 고가의 장비를 들였다는 것에 도취되어서 고도의 상권 분석이 가능하다고 착각하면 안 된다. 무조건 자신의 매장 위치와 연결해 매출 등 내부 데이터와 연관 분석이 가능해야 한다.

상권 분석의 목적을 명확히 하라. 실제 출점을 위한 것인지, 폐업을 위한 것인지, 특정 상권의 매출 성장이나 부진의 원인을 찾는 것인지, 잘나가는 매장

의 특징을 찾기 위한 것인지. 데이터의 목적을 명확히 한 뒤 분석 방법을 고

민해야 한다. 비싸게 구매한 데이터를 그림의 떡으로 남기지 않기 위해서 말

이다.

6.

소비자의 마음은
시간에 따라 바뀐다

소비자는 아침저녁으로 바뀐다

"조석으로 마음이 바뀐다"라는 말은 참으로 맞는 말이다. 소비자는 비교적 일관적인 태도를 가지고 있지만, 소비자의 행동은 아침저녁으로 달라진다.

자신의 하루 식습관을 돌아보면 규칙적이기도 하지만 변화가 있기도 하다. 좋아하는 음식이라 하더라도 아침에는 왠지 잘 먹을 수 없거나, 저녁에는 왠지 먹고 싶어지는 경우가 있다.

어떤 사람을 예로 들어 보자. 평일에 출근한 뒤 샷이 두 개 들어간 아메리카노를 마신다. 커피와 함께 빵이나 과자를 조금 먹기도 한다. 가끔 라떼를 마시는데 그럴 땐 칼로리를 고려해 빵을 먹지 않는다.

오후에 커피를 한 잔 더 마실 때도 있는데, 그때는 에스프레소 샷 하나를 디카페인으로 바꾼다. 나름의 방법으로 카페인의 농도를 조절하는 것이다.

저녁엔 의식적으로 카페인 섭취를 줄이기 위해 카페에 가면 카페인이 적은 차나 주스를 마실 수도 있다.

사람마다 패턴은 다르겠지만, 카페인 함량과 칼로리에 따라 음료를 조정하기도 한다. 때로 칼로리가 높은 음료는 식사 대용이 된다. 칼로리가 높은 음료와 칼로리가 높은 음식은 같이 먹지 않는다. 10킬로칼로리 안팎인 아메리카노를 마실 때는 칼로리가 높은 음식을 함께 먹는다.

주말에는 의식적으로 디카페인 음료만 마실 수도 있다. 아침에 알람에 맞춰 억지로 일어날 필요도 없고, 졸릴 때 각성할 필요가 없기 때문이다. 가끔 주말에 사람을 만날 때는 새로운 종류의 라떼를 마신다. 단 음식을 먹고 늘어져도 평일보다 죄책감이 덜하다.

같은 성별과 나이지만 전혀 다른 음료를 마시기도 하고, 비슷한 음료를 마시는 사람도 일부 있을 것이다. 이것만 봐도 한 사람, 혹은 인구통계학적 정보를 바탕으로 제품을 만드는 것은 비정상적인 행동이 될 수 있다. 오히려 어떤 시간대에 어떤 행동을 하는 사람들을 파악한 뒤 제품을 만드는 것이 훨씬 설득력 있다.

긴 시간 운전을 해야 하는 사람들은 맛이 변하지 않고 오래가는 음료를 선호할 수 있다. 혹은 카페인을 더욱 강하게 원할 수도 있다. 차 안에 두어야 하기 때문에 특별한 모양의 텀블러를 원할지도 모른다. '차 안에서 운전을 한다'라는 행동에 집중하면 인구통계학적인 구분보다 훨씬 더 구체적인 제품을 구상할 수 있다.

혹은 하나의 제품이라도, 공간과 시간대에 따라서 소구appeal

'아침엔 무엇을 먹어야 한다', '공복엔 무엇이 좋다'는 이야기는 실제일 수 있지만 학습된 결과일 수도 있다. 발렌타인데이엔 초콜렛을, 11월 11일엔 특정 과자를 선물하는 것도 모두 학습에 의한 것이다.

하는 포인트를 달리할 수도 있다.

한 잔의 주스도 다양한 소비자가 구매할 수 있다. 아침에는 상쾌하게 비타민을 채우는 용도로, 점심에는 식습관 조절용 페어링 음료로, 저녁에는 카페인 음료를 대신하는 용도로 구매할 수 있다. 똑같은 제품도 어떤 옷을 입느냐에 따라 다른 소비자에게 소구가 가능하다.

소비자에게 구매 습관을 학습시킬 수도 있다. 미국에서 오렌지 주스가 '아침 식사' 음료라는 캠페인을 진행한 것은 유명한 사례다. 아침에 먹어야 할 것 같은 음료라는 인상을 심어준 것이다. '아침에 ○○'이라는 주스 이름도 이런 것을 고려했을 것이다. 부작용도 있다. 이런 학습이 너무 강화되면 아침 외엔 그 주스를 사먹지 않을 수 있다는 것이다.

Thanks God, It's Friday

금요일 저녁부터 상당히 판매가 올라가는 몇몇 브랜드가 있다. 한 주 내내 열심히 일한 소비자들이 자신에게 작은 보상을 주는 시점으로 볼 수 있겠다. 내일 출근해야 한다는 부담 없이 구매가 활성화되는 시각이다.

소소하게 구매할 수 있는 화장품이라든가, 가볍게 즐길 수 있는 식음료 브랜드가 특히 금요일 저녁부터 주말까지 재미를 본다. 큰 금액이 아니어도 매주 자신에게 작은 선물을 줄 수 있는 선이다.

재미있는 점은 금요일 저녁부터 일요일 오후까지만 이러한 패턴이 나타난다는 것이다. 일요일 저녁은 오히려 금요일 저녁보다 주말의 특성이 적다. 월요일에는 다시 출근을 해야 하니 주중과 다를 바 없는 마음이 되는 것이라 보인다.

이런 고객들을 위해 깜짝 메뉴를 준비하는 것도 기업이 소비자에게 주는 좋은 선물이 될 것이다. 시간 한정 메뉴는 소비자의 저녁 혹은 주말 구매를 더욱 정당화시킬 수 있는 장치가 된다.

'지금 뭐라도 소소한 걸 사고 싶은데, 이 시간에만 파는 제품이 있네?'

은연중에 이런 마음을 갖게 될지도 모르겠다.

사람들이 자신에게 관대해지는 상황을 더 찾아보자. 특정한 그룹의 사람들은 다른 요일과 다른 시간대에 회사원의 금요일 저녁 같은 마음이 될 수 있다.

아이들이 모두 등교하고 난 뒤 오전이 될 수도 있고, 야간 근무를 마친 새벽이 될 수도 있다. 긴 시간 준비한 시험을 마친 직후가 될 수도 있고, 혹은 기나긴 여정을 시작하기 전에 관대한 마음이 들 수도 있다.

자신의 제품 혹은 서비스 중 특별히 매출이 오르는 지점이 있
다면 그 지점에 머무른 소비자의 마음을 찾아보고, 특별히 매출
이 떨어지는 지점이 있다면 새로운 케이스를 만들어보자.

실 무 자 를 위 한 가 이 드 : 시 간 분 석

일단 시간 데이터를 조밀하게 쪼개어볼 수 있어야 한다. 보통 영수증 데이터가 연월일시분초 단위로 기록되기 때문에 시간 분석이 가능하다. 중요한 것은 '의미 있는 시간대'를 찾아내는 것이다. 연간 시계열 분석이 될 수도 있고, 특정 요일이 될 수도 있고, 특정 시간대가 될 수도 있다. 고객의 행동이 변화하는 변곡점을 찾아내야 한다.

함수를 사용하면 기간도 쉽게 계산할 수 있다. 때론 두 가지 일이 일어난 간격을 계산해 의미를 파악하는 것도 필요하다. 가입과 첫 구매 간의 간격이나 이탈이 일어나는 시점 같은 것이다. 소비자의 행동 이유를 파악하고, 어떤 것을 제공해야 소비자가 좀 더 편리할지 궁리해야 한다.

시간 데이터는 소비자의 행동과 밀접한 연관이 있기 때문에 이리저리 뜯어보고 다각도로 살펴야 한다. 때로는 특정 차원에서 특별한 의미를 찾을 수 없다 하더라도 말이다. 시간의 변화가 담겨 어느 시점에 어떤 변화가 나타날지 모른다.

일자나 시간 데이터는 유형을 제대로 정해놓지 않으면 분석하기 귀찮아진다.

어떤 데이터는 '00년 00월 00일 00시 00분 00초'로 해놓고, 어떤 데이터는 '0000-00-00-00-00-00'로 해놓은 경우도 있다. 혹은 시간대를 '오후 1시'로 할지 '오후 01시'로 할지 '13시'로 할지도 결정해야 한다. 생각보다 통일이 되지 않는 경우가 있는데, 그냥 변환하면 된다고 생각할 수 있지만 그 변환의 과정에서 오류가 적지 않게 일어난다. 그리고 그걸 매번 변환하는 것 또한 에너지와 시간이 드는 일이다.

7.
소비자의 마음은
성별이나 나이로 구분할 수 없다

동창이랑 내가 똑같다고 생각하는 사람이 몇이나 될까

점점 성별과 나이의 구분이 무색해진다. '제 나이다운', '제 성별다운' 제품의 경계가 사라지고 있다. 그래서 성별이나 나이에 따른 세분화segmentation보다 오히려 개인화 추천이나 (제품개발이 필요하다면) 제품 속성에 따른 고객 집단화clustering가 더 적합할 수 있다고 앞서 언급했다.

동창생을 상상해보는 것이 쉽겠다. 나와 같은 나이, 같은 성별이며, 같은 지역에 살고, 같은 학교를 다닌, 같은 전공의 친구. 그

친구와 내가 '같은 물건'을 얼마나 가지고 있는가?

물론 어떤 제품들은 공감대를 얻어 너도 나도 추천하면서 공유하기도 한다.

"아, 내 친구가 써봤는데 그거 진짜 좋대."

그렇게 입소문을 타고 널리 퍼지는 경우도 있다. 유행과 트렌드는 이렇게 생겨난다.

그런데 진짜 완전히 똑같은 물건을 얼마나 갖고 있는지 잘 생각해보자. 생각보다 별로 없다. 오히려 두 사람이 우연히 똑같은 옷을 입었다면 이상한 기분이 들 수 있다. 똑같은 가방을 가지고 있다면 그 친구를 만날 땐 안 들고 나가고 싶기도 하다. 같은 식당에서 만나 같은 음식을 먹거나, 비슷한 식재료를 주문해서 먹을 수는 있겠다. 음식은 한시적으로 존재한 뒤 사라질 테니까.

혈액형이나 별자리에 대한 것도 그렇다. 대단히 신뢰하는 사람들이 있는가 하면, 재미로만 보거나 분류 자체를 싫어하는 사람도 있다. 그런데 어떤 사람을 "그 사람 그 혈액형이라서 그럴 줄 알았어!"라든가, "그 사람 그 지역 출신이라 그런 것 같아"라고 말하는 것은 적어도 데이터 분석에 있어서만큼은 신뢰도가 매우 낮은 표현이다.

다시 생각해보자. 유전적으로 가장 유사한 사람은 부모와 형

가족 구성원이 모두 같은 혈액형이라고 하자. 그런데 정말 가족을 모두 잘 알고 있거나 이해할 수 있는가? 어떤 단서를 통해 누군가를 잘 안다고 착각하면 편견으로 인한 실수를 저지를 수 있다.

제다. 어떨 땐 정말 유전자의 놀라움을 느낀다. 성격에서 의외로 아주 비슷한 점을 찾거나 식성이 비슷하다는 것을 느낄 때도 많다. 그러나 온 가족이 동일한 혈액형인 경우에도 놀랄 만큼 비슷한 점이 있는 반면, 정말 다른 점도 있다.

사람들은 어떤 유형을 만들고 그에 맞춰 여러 대상을 분류하려는 경향이 있다. 새로운 정보를 쉽게 처리하기 위해 머릿속에서 일어나는 자연스러운 현상이다. 첫 기억과 이후 반복되는 입력을 통해 스키마schema(도식)를 만들고, 새로운 정보가 들어오면 그 스키마에 대입해본다. 인간은 그렇게 점점 학습한다.

그러다 자신이 만들어놓은 유형에 새로운 정보를 입력하면 쉽게 처리할 수 있다는 사실 자체를 학습하게 된다. 자신이 생각하는 '여자'의 공통점을 정리한 뒤, 새로운 여자를 만나면 '이 여자도 그 공통점을 가지고 있을 것이다'라고 생각하면 새로운 정보를 덜 처리해도 된다. 이는 에너지를 효율적으로 사용하도록 돕지만 새로운 정보 학습을 방해한다.

기업도 자꾸 소비자를 분류하려고 한다. 그래야 그들을 위한 제품을 만들거나 마케팅 전략을 짜기 쉽기 때문이다. 그러나 인구통계학적 분류는 사실 거의 의미가 없다. 나와 같은 성별, 나이의 사람이 모두 같지 않다는 사실만 떠올려보아도 그렇다.

소비자의 행동에 따른 분류를 해야 한다. 아침마다 무언가를 하는 사람, 점심마다 저런 소비를 하는 사람, 저녁마다 이런 곳에 들르는 사람. 그 행동이 훨씬 더 소비자의 필요와 맞닿아 있다. 이는 나이와 성별에 기인하지 않는다.

다음과 같은 분류가 좀 더 현실적이다. 직장에 다니고 아침에 출근할 때마다 회사 근처 카페에 들르는 사람이 있다. 혹은, 특정 고속도로에 특정 시간대에 진입하여 근처 드라이브 스루 매장을 들렀다 가는 사람이 있다. 그들은 비슷한 행동 패턴을 보일 수 있으며, 그들이 어떤 연령대인지는 중요하지 않다.

주말 부부라 주말마다 터미널 근처 매장을 지나갈 수밖에 없는 사람들, 금요일 밤마다 술을 마신 후 특정 매장에 음료수를 마시러 오는 사람, 토요일 점심마다 느지막하게 브런치를 하는 사람도 있다.

이런 행동을 하는 사람들이 필연적으로 유사한 성별과 연령대인 경우도 있다. 그렇지만 특정한 성별과 연령대이기 때문에 그런 행동을 하는 것은 아니다.

잘못된 분류의 비극

분류에 억지로 사람을 끼워넣으려고 하면 개인의 소중한 특성이 사라진다. 사람들이 제품이나 광고를 보았을 때 '어, 이거 나를 위한 것인데!'라는 느낌이 들어야 소비가 촉진된다.

예로 '30대 여성을 위한 샌드위치' 같은 건 상당히 위험한 분류일 수 있다. 인구통계학적으로 30대인 여성 중 몇 퍼센트의 사람이 그 제품을 접하고 구매할지 장담하기 어렵기 때문이다. 이는 분석적인 측면에서 볼 때 다른 중요한 요인에 오히려 방해가 될 확률이 높다.

'20대 여성이 정말 좋아할 만한 레스토랑'이라는 것은 사실

'특정 SNS를 즐겨 하며, 사진에 예쁘게 담길 만한 색감의 메뉴를 만들었을 때 기꺼이 방문해줄 사람들이 찾는 레스토랑'이다. 그러한 사람 중에 20대 여성이 많을 것이다.

소비 대상을 정확히 추정하는 것은 쉽지 않다. 그러나 콘셉트가 분명한 제품을 만들기 위해서는 특정 행동 패턴을 보이는 사람의 규모가 어느 정도인지 파악해야만 한다. 내가, 또 내 주변의 사람이 그렇다고 해서 그런 무리가 많은 것은 아니다. 그들 중 얼마나 되는 사람이 내가 만든 제품을 구매해줄 것인가.

특정 통신사 브랜드에 대한 인지도가 전국 수준 70퍼센트인 것을 본 적이 있다. '이 브랜드를 어떻게 모르지?' 싶은 것도 전국 70퍼센트다. 좀 이름난 것이라 해도 50퍼센트, 이제 막 유명해지기 시작한 것이어도 절반 이하의 인지도를 가지고 있다는 말이다.

인지도만 봐도 그러한데, 그 제품을 '알고' '좋아하고' '구매하는' 데 얼마나 많은 허들이 있겠는가.

장밋빛 미래를 꿈꾸는 것은 좋다. 그러나 무작정 '이건 20대가 좋아할 거야!'라고 말하는 것은 별로 좋은 아이디어가 아니다. 특정 행동 패턴도 없는 사람들의 구체적인 니즈를 파악할 방법은 없다.

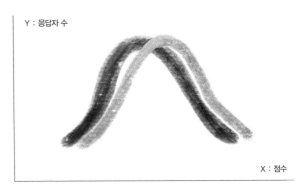

Y : 응답자 수

X : 점수

성별보다 개인차가 더 큰 것은 아닐까?

　단순한 평균 비교로 수많은 사람을 두 부류로 나누는 것은 경계해야 한다. 본능적으로 편의를 위해 구분할 수 있겠지만 단순한 스키마일수록 심도 있는 분석이 나오기 어렵다. 사람을 어떤 조건에 따라 분류하는 것은, 특정 행동을 하는 사람들의 행동 원리를 이해하는 것과는 상당한 차이가 있다.

　인구통계학적인 구분으로 소비자를 유형화하는 기업과 어떤 환경에 있는 사람들이 필요하게 되는 것을 자연스레 파악하는 기업. 당신이 소비자라면 둘 중 어느 기업의 제품이 더 편리하게 느껴지겠는가?

실 무 자 를 위 한 가 이 드 :   구 매 패 턴 분 석

제품을 구매할 사람의 성별이나 연령대보다는 제품의 이용 상황을 더 구체
화하는 것이 필요하다. 소비자의 제품 이용 행동에 주목하라는 것이다.

'여자는 이런 걸 좋아해', '남자는 이런 걸 좋아해'라는 문장처럼 단편적인 예
측이 아니라, 구체적으로 제품이 어떤 장면에서 사용되는지, 소비자가 어떤
상황에서 그 제품을 필요하다고 생각할지, 그 제품이 좀 더 편리하려면 어떻
게 바뀌어야 하는지, 그 제품을 어떤 상황에서 사진에 담아 SNS에 공유하는
지 등 구체적으로 그 제품을 이용하는 상황을 중심으로 데이터를 분석해야
한다.

정확한 분석을 하려면 성별이나 나이에 대한 편견을 버리는 것이 필요하다.
특정 상황에서 성별에 따라 필연적으로 구매 사례의 쏠림 현상은 있을 수 있
지만 분석에 앞서 주목할 만한 요인은 아니다. 다변화된 요즘 시대에 맞지 않
고 이용 상황이 구체적으로 그려지지 않게 되는 경우가 발생하기 쉽다.

내 제품이나 서비스를 쓰는 사람들의 상황을 최대한 구체적으로 그려보자.
그냥 '만들면 누군가 사주겠지'라고 생각하지 말고, 어떤 상황에서 이 제품
이 쓰일지 조밀하게 구상해보자. 그렇게 해야 그 타깃을 대상으로 제품을 홍

보해본 후에 타깃이 실제로 제품을 구매했는지, 그 제품을 구매하지 않았다면 왜인지, 혹은 개선할 점이 없는지 명확하게 따져볼 수 있다. 그리고 제품에 대한 이런 피드백을 데이터로 재구성해 다음 제품 마케팅에 활용할 수 있게 된다.

8.
소비자의 마음은
요소를 나누어보면 알 수 있다

소비자가 원하는 것은 단순한 요소 하나가 아니다. 사람들은 자신이 본 것을 조직화하려는 성향이 있어 전체는 부분의 합 이상이라는 것을 강조하는 게슈탈트 심리학에서 말하듯, 부분의

부분을 합하는 것이 전부가 아니다. 동그라미 두 개를 합했을 때, 그저 동그라미 두 개라고 생각하는 사람은 많지 않다. 사람들은 이를 도넛이나 튜브 모양이라고 생각할 수 있다. 합의 의미는 부분의 합 자체보다 크다.

합은 단순한 합 그 이상이다. 한 제품이 성공했을 때 단순히 하나의 색이 좋아서, 하나의 재질이 좋아서, 하나의 위치가 좋아서라기보다 복합적인 이유일 확률이 높다.

그러나 성공하는 제품의 공통 요소를 찾기 위해 데이터를 활용하는 시도는 해볼 수 있다. 제품 속성을 최대한 잘게 쪼개어 비교해보는 것이다.

디자인의 속성을 잘게 쪼개본다

디자인 자체도 속성을 나누어볼 수 있다. 만약 제품의 큰 틀이 정해져 있고 오로지 세부 디자인만 중요하다면 더욱 수월하게 속성 분석을 할 수 있다. 재질이나 모양 자체도 전부 다르면 디자인의 속성이 그만큼 다양해지고, 성공의 요인을 규정하기 더욱 까다로워지기 때문이다.

카드 엽서를 예로 들어보자. 거의 대부분 규격 엽서와 비슷한 모양과 크기다. 직사각형의 종이 안에 어떤 디자인이 들어 있는지가 판매에 영향을 주는 요인이 된다. 가격, 판매 위치 등 여러 요인이 추가될 수 있겠지만 일단 같은 매장에서 판매한 것이라고 가정한다.

여러 종류의 엽서가 있다. 색상에 따라 분류해야 할까, 디자인에 따라 분류해야 할까? 혹은 또 다른 속성이 있는 건 아닐까?

디자인의 요소는 자신만의 분류 체계와 공식적인 분류 체계를 혼합해 사용하는 것이 좋다. 실제로 시장에서 제품이나 서비스 전략으로 '액션' 가능한 방향이 나올 수 있는 기준을 정해야 하기 때문이다. '이러한 색상 톤으로 내면 좋다', '이러한 모양을 사용하면 좋다'라는 것이 결론으로 나왔을 때 그 방향으로 갈 수 있어야 한다. 만약 업계 공통 기준으로 그 방향성을 만들 수 있다면 공통 기준을 사용하면 되지만, 내 브랜드 전략과 맞지 않는다면 자신만의 기준을 정하는 것이 낫다.

- 색: 여러 색을 사용했는가, 단색인가. 분류할 수 있는 색을 사용했다면 색상명을 적어두는 것도 좋다.
- 사용한 모양: 인물인가, 자연적인 것인가, 추상적인 것인가. 최대한 앞으로의 방향성을 결정할 수 있는 분류를 만들어두는 것이 좋다.
- 디자인 주체: 개인 작가인가, 브랜드인가, 내부 디자인을 사용한 것인가, 외부에 의뢰한 것인가. 기업의 상황에 맞는 기준이 있을 것이다.
- 제조 국가: 로컬 혹은 특정 국가의 제품이 인기가 좋은 것인가. 어디서 만든 것인가.

기업이나 제상품의 형태에 따라 추가할 수 있는 속성은 천차만별이다. 그래서 출판이나 유통에 대한 지식처럼 특정 분야의 지식인 '도메인 날리지domain knowledge'를 가진 현업 조직과 데이터 조직이 함께 고민해야 한다. 데이터로 분류할 수 있는 것이며 동시에 액션이 가능해야 한다.

과거와 미래의 제품에 대한 속성을 지속적으로 기록할 수 있는지도 중요하다. 이 모든 노력이 일회성으로 끝난다면 말 그대로 1회의 프로젝트로 끝날 것이다. 되도록 자동으로 입력이 가능한 형식이 되어야 한다. 매번 번거롭게 입력해야 하는 것이라면 미입력이나 담당자의 공석으로 인해 데이터 자체에 누수가 생길 수 있기 때문이다.

실제 프로젝트에서 이러한 디자인 분류를 한 적이 있다. 기존에 없었던 데이터의 입력이 가장 어려웠고, 실무 담당자들이 최근 제품부터 열정적으로 데이터를 기입해주었다. 그 데이터 덕분에 제품 속성을 실적과 연결해볼 수 있었다. 이러한 분석은 첫 시도였고 그 결과물에 대해 새로운 가능성을 엿보았다. 이 프로젝트는 세계 최대 규모의 글로벌 기업에서도 "처음 보는 데이터 분석 결과"라는 피드백을 받았다.

제품의 속성을 정밀하게 쪼갠 데이터를 고객 데이터와 연결해 연간 지불 금액 등과 연계 분석하면 풍성한 분석이 가능하다. 단순한 인구통계적 분석이 아닌 제품과 디자인 취향을 중심으로 분석할 수 있게 되는 것이다.

식품의 최종적 제품의 원부재료 데이터가 잘 기입되어 있지 않은 경우, 그 데이터를 추정할 수 있는 대체 데이터가 있는지도 확인해봐야 한다.

이런 분석을 통해 성공과 실패 요인을 찾아낼 수 있다. 성공한 제품은 어떤 원부재료가 많이 사용되었는가? 실패한 제품은 어떤 것인가? 소비자는 어떤 조합을 좋아하고 싫어하는가?

원부재료 단위의 데이터를 가지고 있지 않으면 볼 수 없는 것들이다. 혹은 조리법만 면밀히 검토해보아도 알 수 있다.

만약 멤버십 데이터와 붙여볼 수 있다면 재구매율이 높은 제품과 아닌 제품을 찾아볼 수 있다. 한 번은 재미로 먹어볼 수 있지만 다시는 먹고 싶지 않은 제품일 수도 있다.

이때 원부재료 외에 적어볼 수 있는 항목이 있다. 고객이 중요하게 생각하는 요인을 넣어보는 것이다. 만약 식단 조절을 위해 칼로리를 중요하게 여기는 고객이 있다면 제품당 칼로리를 기록해두었다가, 저칼로리 위주로 구매하는 고객층을 확인 후 저칼로리 제품을 내는 마케팅 전략을 세울 수도 있다.

또한 채식주의자를 위한 '비건vegan' 제품이나 밀가루에 들어있는 글루텐을 제거한 '글루텐 프리gluten free' 등 앞으로 제품 자체와 연결해 사용할 수 있는 요인들도 있다. 이 지표들이 '예/아니오Y/N'로 구분되어야 하는지, 또는 어떤 그룹으로 만들어져야 하는지(예: 비건, 채소에 달걀을 먹는 오보비건 등 채식주의 정도에 따른 여러 그룹), 아니면 수치kcal로 기록되어야 하는지 데이터의 척도에 따라 기록 방법은 달라진다.

주의할 점은 겹칠 수 있는 콘셉트를 한 열에 넣지 말아야 한다는 것이다. 예를 들어 '레몬 쿠키'에 대한 속성을 분류해보기로 했다. '과일'이라는 열을 만들어서 '레몬'으로 분류했다. 그런데 향후 '오렌지 레몬 쿠키'라는 신제품이 나왔다. 오렌지와 레몬을 '과일' 안에 둘 다 넣어야 할지, 아니면 상큼한 시트러스 계열로 처리해야 할지, 아니면 '오렌지 Y/N'으로 열을 늘려가야 할지 앞으로의 분석 방향이나 제품 개선에 따라 달라질 수 있다.

이런 데이터의 중첩 사항까지 고려해 열을 만들어야 한다. 전체적인 구조를 고려하지 않았다가는 기껏 열심히 기록한 데이터를 재정비해야 하는 일도 생길 수 있다. 혹은 이후 재분석이 쉽도록 일단 모든 데이터를 기록해놓고 유동적 변화 가능성을 염두에 두는 것도 방법이 될 수 있다.

실 무 자 를 위 한 가 이 드 : 제 품 속 성 분 석

제품 분류 체계나 속성 구분이 잘 되어 있지 않다면 속성에 대해 충분히 고민할 시간을 확보하자. 무턱대고 만들면 나중에 쓸모가 없어지는 경우가 있다. 분류한 층위가 맞는지, 레벨이 적절하게 나누어져 있는지, 나중에 이 분류에 따라 분석이 가능한지 고민해보자.

분석을 하다 보면 새로운 분류 체계가 필요해질 수도 있다. 그땐 하나의 표에서 특정 열 정보만 변환하면 되도록 배치한다. 이곳저곳에 그때마다 표를 만들어두면 나중에 히스토리를 찾기도 어렵고 정보의 지속성이 떨어진다.

제품의 속성이 잘 기입되어 있다는 것은, 그 속성을 원하는 소비자와 제품을 잘 연결할 수 있다는 의미가 된다. 소비자가 단지 그 제품을 산 것이 아니라 그 속성을 산 것인지 확인해볼 수 있다.

이 제품이 잘된 것은 혹시 소비자가 이러한 '색'을 좋아해서는 아닐까? 아니면 이러한 '재질'을 좋아하는 건 아닐까?

속성을 잘 분류해놓으면 더 많은 분석이 가능해진다.

9.

소비자의 마음은
반응 속도를 보면 알 수 있다

소비자의 응답시간에 고민의 흔적이 있다

앞서 설명한 바와 같이 소비자는 설문 조사에서 '자기 보고식' 응답을 한다. 말하자면 자신이 '그렇게 생각한다고 생각하는 것' 에 응답하는 것이다. 따라서 실제보다는 옳다고 생각하는 것, 흔 하게 들어 알고 있는 것에 응답하는 경향이 나타날 때가 있다.

물론 그렇게 받아들이고 응답한다는 것이 의미를 지닐 수도 있다. 속마음이 그렇지 않더라도 그렇게 생각하고 응답하는 것 자체가 의미가 있다는 것이다. 속마음은 그렇지 않더라도 사람 들이 응답하는 바로 그것이 진짜일 수 있다.

사람들의 실제 속마음과 설문 조사의 차이가 궁금했다. 개인적으로 이러한 주제를 '소비자의 블랙박스'라고 부르곤 한다. 소비자에게 블랙박스처럼 해석하기 어려운 마음이 있는데, 그들의 반응과 행동을 통해 속마음을 해석하는 것이다. 이러한 표면적인 반응과 암묵적인 반응 간의 차이를 분석한 적이 있다.

브랜드 이미지는 소비자가 만든 것일까

사람들이 흔히 생각하는 브랜드 이미지는 소비자가 진심으로 생각하는 이미지일까? 브랜드 광고에서 계속 듣다보니 속으로는 그렇게 생각하지 않는데도 갖게 된 이미지는 아닐까?

2012년 당시, A와 S를 포함한 휴대전화 네 개 브랜드를 대상으로 실험을 했다. 아무래도 가장 강력한 경쟁 브랜드인 A와 S의 결과가 두드러졌다.

A브랜드는 '혁신'을 강조하는 광고를 많이 진행했고, 혁신의 아이콘 하면 가장 먼저 떠오르는 제품 중 하나다. S브랜드는 '첨단'의 기술을 강조하며 폭넓은 구매층을 확보하고 있었다.

명시적 이미지는 사람들이 '그렇다고 생각하는 이미지'다. 입밖으로 내비칠 수 있는 것들이다. 대부분 사회적으로 거부감이 없고, 잘 학습되어 있는 문장이 해당된다.

예를 들어 휴대전화 A브랜드는 '혁신적'이라는 이미지가 있다. 광고와 여러 기사에서 그렇게 언급하다 보니, 사람들은 이 문장을 말하는 것에 거리낌이 없다. 'A브랜드는 혁신적이지!'라는 문장과 연관된 설문 조사를 하면 사람들은 바로 '맞다'라는 의미로 응답한다.

암묵적 이미지는 사람들이 '속으로 그렇다고 느끼는 이미지'다. 입 밖으로 말하기엔 좀 별로라고 생각하거나, 어쩌면 자신이 그렇게 느끼는지조차 잘 모를 수 있다. 그러나 속으로는 자연스럽게 느끼고 있어서 바로 연상하기 쉬운 것이다. '저 브랜드는 시대에 뒤떨어진다'라고 생각하지만 입 밖으로 내지 않는다든가, '저 사람은 지역적 특성을 가지고 있어서 거부감이 든다' 등에 해당된다. 속으로는 생각하지만 사회적으로 용인되기 어렵거나 미안한 마음이 드는 경우가 있다.

그래서 명시적 이미지와 암묵적 이미지가 '다를 수 있다'라는 전제 하에 실험을 진행해보았다. 브랜드의 연상적 속성을 이용하여 브랜드 이미지와 연관되는 단어를 측정했다. 명시적 이미지를 측정할 때는 설문 조사를 이용했다. 브랜드 하나를 보여주고, 이 브랜드를 얼마나 잘 설명하는지 설문 조사에서 숫자 척도로 응답하게 한 것이다.

1   5

새롭다 · · · · · 낡았다

친근하다 · · · · · 낯설다

좋다 · · · · · 나쁘다

브랜드 이미지의 세 가지 요인에 따라 이미지 단어를 나눌 수 있다. '새롭다/낡았다'처럼 브랜드 자체의 속성을 나타내는 활동성, '친근하다/낯설다'처럼 브랜드와 소비자 간의 거리감을 나타내는 접근성, '좋다/나쁘다'처럼 다른 브랜드와의 우열 관계를 나타내는 평가 요인이다.

    암묵적 이미지를 측정할 때는 다른 방법을 썼다. 위의 명시적인 방법과 같은 브랜드와 같은 브랜드 연상 단어를 사용하면서, 측정 방법을 달리 했다.

    사람들이 의식적이지 않은 상태에서 응답한 내용을 분석하는 암묵적연합검사IAT: Implicit Association Test라는 것이 있다. 숫자 가운데 브랜드를 보여주고, 이 브랜드와 잘 맞는다고 생각하는 단어를 선택하는 것이다.

    둘 중에 선택하는 단어가 브랜드와 좀 더 연관 있는 단어가 되는데, 여기까진 명시적 측정 방법과 큰 차이가 없어 보인다. 여기서 주목해야 할 것은 '시간'이다. 사람들이 얼마나 빨리 응답하느

화려하다   소박하다

브랜드 A

> 실험에 참가한 소비자가 브랜드가 어떤 단어와 더 어울리는지 선택하도록 한다. 컴퓨터에서 클릭하는 데 걸리는 시간이 기록으로 남는다. 더 빠르게 선택한 단어가 그 브랜드와 좀 더 잘 연결되는 단어다.

냐다. IAT를 활용하면 사람들이 얼마나 빨리, 그 브랜드와 그 단어를 연관지어 생각하느냐를 밀리세컨드ms 단위로 측정할 수 있다. 지연 시간에 따라 사람들이 더 고민하고 반응하느냐, 고민 없이 반응하느냐를 알게 된다.

평소에 사람들이 "어, 너 지금 대답하는 데 몇 초 걸렸어!"라는 표현을 쓰는 것과 같은 맥락이다. 사람들이 고민하고 응답을 하는지, 고민 없이 바로 응답하는지의 차이다.

브랜드 이미지에도 차원이 있다

결과 중 하나는 브랜드 이미지의 차원이다. 브랜드 이미지에 대한 설문 조사를 떠올려보면 그럴싸한 단어들을 무작위로 배열한 듯한 조사가 많다.

"A브랜드는 고급스럽다는 이미지가 우세한 것으로 나타났습니다."

그래서 어떻게 하겠다는 걸까? 이 무작위의 단어는 무슨 의미를 갖는 것일까? 그냥 본인들의 생각을 확인한 것 이상의 의미가 있는 걸까?

설문 조사의 목적이 결여되었기 때문에 이런 식의 브랜드 이미지 측정 문항이 횡행하고 있다고 생각한다. 이미지를 측정한 뒤 "우리 브랜드는 고급스럽군. 좋아" 하고 끝내버린다.

그러나 브랜드 이미지 측정 후 우리 브랜드가 소비자에게 어떤 위치에 있는지 보여줄 척도가 필요하다. '고급스럽다'라는 단어는 어떤 의미를 갖는지, '젊다', '귀엽다'와 같은 단어는 어떤 의미를 갖는지 고민 없이 물어본다면, 그저 그런 브랜드 이미지 확인에 지나지 않을 것이다.

100단어 이상의 브랜드 이미지 단어를 요인 분석해보니, 활동성activity, 평가evaluation, 접근성accessibility의 세 가지 요인이 나타났다. 활동성 요인은 브랜드 자체의 활동적 속성, 평가 요인은 브랜드 간의 평가적 속성, 접근성 요인은 소비자의 브랜드에 대한

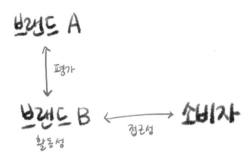

> 활동성은 브랜드 자체의 활동적 속성, 평가는 브랜드 간의 평가적 속성, 접근성은 브랜드에 대한 소비자의 접근성을 나타낸다.

접근성을 나타내는 단어가 포함되었다.

활동성은 브랜드 고유의 특성이다. 브랜드 고유의 활동적 특성을 갖는 단어들로 구성되어 있었다.(단어 예시: 활발하다, 세련되다, 혁신적이다, 귀엽다)

평가 요인은 브랜드 간의 비교를 담고 있다. 이 브랜드가 저브랜드보다 나은지, 상위에 있는지, 좋은 점이 있는지 같은 단어다. 비교의 의미를 담고 있기 때문에 브랜드 간 척도상의 비교하기 좋은 단어다.(단어 예시: 고급스럽다, 좋다, 질이 떨어진다)

접근성은 소비자와 브랜드 간의 거리감이다. 소비자가 이 브랜드를 친숙하게 여기는지, 이 브랜드가 소비자들에게 잘 알려져 있는지와 같은 단어를 포함한다. 브랜드와 브랜드 간의 거리가 아니라 브랜드와 소비자 간의 거리다. 접근성 요인이 높을수록 소비자들이 그 브랜드를 가깝게 여긴다.(단어 예시: 친숙하다, 어렵다)

브랜드 이미지를 표현하는 단어들이 갖는 의미를 정리해두지 않으면 그저 설문 조사로 끝나버린다. 도대체 무슨 의미가 있는 것인지, 브랜드를 가진 기업 스스로 진지하게 고민해야 한다. 고민한 설문과 고민하지 않은 설문은 문항만 보아도 차이가 난다.

소비자의 응답은 겉과 속이 달랐다

암묵적 이미지와 명시적 이미지가 역전되었다. 연구에서는 스마트폰 전체 브랜드의 접근성 요인 및 일부 브랜드의 평가 요인과 SPA 전체 브랜드의 평가 요인 및 일부 브랜드의 활동성·접근성 요인에서 명시적·암묵적 브랜드 이미지가 일치하지 않는 것으로 나타났다.

풀어서 설명하면, 사람들이 겉으로는 'D브랜드가 F보다 품질이 좋은 것 같다'고 응답했는데, 암묵적인 응답을 측정해보니 'F브랜드가 D보다 품질이 좋다'고 빠르게 응답을 했다는 것이다.

생각으로는 D브랜드가 좋다고 응답했기 때문에 생각대로 구매를 할 가능성도 있다. 그러나 속으로는 F브랜드가 더 좋다고 '자연스럽게' 느끼고 있을 확률이 있는 것이다.

액티브 데이터로 엿보는 소비자의 진짜 마음

실험을 하지 않아도 로그 데이터를 잘 쪼개보면 이러한 '지연시간'을 계산할 수 있다. 뭘 사고 싶다고 응답하는 것과 실제로 클릭하고 구매한 것의 차이를 계산해보면 간단하다. 사고 싶다는 응답과 달리 홈페이지에서 검색도 해보지 않고, 보여도 클릭해보지 않고, 클릭해도 구매하지 않았다는 기록이 남는 세상이다. 그 기록들을 잘 연결해 '이건 왜 안 팔렸고 저건 왜 잘 팔렸는지' 웹사이트에 방문한 고객이 제품을 찾아보고 장바구니에 담아 결제를 하는 단계와 같이, 깔때기처럼 좁혀들어가는 퍼널 funnel을 그려볼 수 있게 되었다.

액티브 데이터는 이미 사람들의 마음을 잘 대변해주고 있다. 유명한 사례 중 '구글은 이미 누가 대통령이 될 줄 알고 있었다'라는 것도 유사한 의미일 것이다. 사람들이 여론 조사에 응답한 것과 구글에서 검색하고 널리 회자했던 인물이 달랐고, 실제로 구글에서 검색한 사람이 당선되었다.

소비자는 자기도 모르게 거짓말을 할 때가 있다. 그러나 신체 전체로 거짓말을 체화하긴 어렵다. 의도적이지 않은 행동, 지연 시간, 검색, 클릭만 잘 살펴보아도 소비자의 마음을 알아챌 수 있다. 조작되지 않은 검색어 순위나 연관 단어만으로도 소비자의 관심사는 어느 정도 정렬 가능하다. 사람들은 정말 관심조차 없는 것을 검색해볼 만한 여유가 없다. 너무나 많은 정보 속에 살아가고 있기 때문이다.

실 무 자 를 위 한 가 이 드 :   지 연 시 간 분 석

이 분석은 시간 데이터와 액티브 데이터 분석을 할 때와 비슷하다. 소비자 조사 결과와 대조해볼 수 있는 소비자의 액티브 데이터를 확보한다. 그 액티브 데이터에서 시간 차원을 계산해보자. 과거 설문 조사의 응답이 실제로 구현되었는지 확인해보면 이후에도 설문 조사의 신뢰도를 추정할 수 있다.

의도했던 소비자의 행동이 얼마 만에 일어났는지 기간을 산정해보는 것도 도움이 된다. 실제로, 반응이 즉각 일어나지 않는 이유가 소비자의 마음에 들지 않았기 때문일 수도 있지만, 다른 요인이 장애물이 되는 경우도 있다. 빠르게 즉각적으로 일어날 수 있는 방법을 고민해보아야 한다.

의도했던 기간, 혹은 의도했던 반응 속도에 미치지 못했다면 그 장애물이 무엇인지 곱씹어보아야 한다. 너무 긴 가입 절차, 너무 복잡한 단계 수 때문일 수 있다. 의외로 결제를 위한 아이콘이 잘 안 보여서 그럴 수도 있다. 소비자가 혜택에 대한 정보를 몰라서 그럴 수도 있다.

그 가능성 중 원인을 발견해 빠르게 해결하고 테스트해보자. 모든 경우에 대처해보았음에도 의도한 반응이 나오지 않는다면, 이 제품이나 기획 자체가 정말로 매력적인지 되물어야 한다.

10.

소비자의 마음은
모바일이 알고 있다

액티브 데이터의 시대

과거에는 사람들의 행동을 감으로 익히는 수밖에 없었다. '이 제품은 사람들이 좀처럼 쉽게 집어가지 않는다'든가, '무슨 제품이랑 무슨 제품을 같이 사간다'든가 하는 고객 행동에 대한 것들이다. 이런 정보를 센스 있는 점원이나 오너가 알아차리고 제품의 위치나 고객의 동선을 조정하는 것이 최선이었다. 사실 사람의 육감이라는 것도 있으니, 감각적으로 배치를 바꾸려는 노력도 상당히 의미 있다.

최근에는 고객 행동에 대한 연구를 과학적으로 접근하려는 실험들이 활발하게 진행되었다. 일정한 조건에서 사람들이 어떻게 반응하는지, 제품을 이렇게 두었을 때 매출이 얼마나 올랐는지, 혹은 사람들이 눈에 더 잘 띈다고 하는지, 실험이나 설문 조사를 통해 측정해보는 것이다.

그런데 이런 설문 조사는 '사람들의 진짜 행동'이 아닐 수 있다는 것이 문제다. 더 사고 싶어졌다고 응답했지만 실제로는 사지 않을 수 있다. 사람들은 설문 조사에서 의도치 않게 거짓말을 하고는 하니까.

그래서 때론 설문 조사보다 점원이 체감하는 것들이 더 의미 있는 변화를 가져올 가능성도 있다. 점원도 실제와는 다른 응답을 하는 경우가 있지만.

또 다른 방법으로 실제 매장 환경에서 관찰을 하기도 한다. 매장에서 실제 소비자의 행동을 관찰하는 것이다. 관찰하는 사람이 일정 기준을 놓고 관찰하면서, 일일이 수기로 기록을 한다. 점원보다 관찰 자체에 집중할 수 있기 때문에 고객의 행동 단위를 세밀하게 수치로 기록하는 것이다. 관찰을 데이터화하여 정리한《쇼핑의 과학》이라는 책은 앞서 언급한 바 있다.

'피플 카운팅people counting', 길거리나 매장에 들어오는 사람의 수를 세는 것을 예로 들어보자. 이 경우 시장 조사 업체에서 사람을 고용하고 실제로 시간대별로 사람 수를 센다. 체류시간 등 누군지 구분해야 하는 경우에는 '회색 옷을 입고 머리가 어깨까지 오는 사람' 등 개인을 특징하는 표기를 하기도 한다. 그런데 결국 사람 눈으로 세는 것이기 때문에 때로는 덜 정확할 수 있고, 측정하는 사람 한 명이 볼 수 있는 반경이 제한적이기 때문에 고용 비용이 꽤 많이 드는 방법이다.

현재 리서치 업체에 피플 카운팅을 의뢰하면 시간 단위, 매장 단위로 인력을 배치한다. 사람을 세는 것이라 설문 조사나 분석보다는 단순하게 느껴질 수 있지만, 일정한 인력과 집중력을 필요로 하기 때문에 생각보다 많은 비용을 지불할 수밖에 없다.

불과 몇 년 전인데, 와이파이나 BLE 신호를 이용해 모바일로 사람을 집계하는 기술이 생겼다고 했을 때 큰 흥미를 느꼈다. 스마트폰 보급률이 꽤 높아진 시대를 십분 활용한 방법이다. 사람을 일일이 셀 필요 없이 모바일 신호를 수신해 고유한 단말기를 식별하는 데 활용하는 서비스 세트 식별자SSID로 처리한다. '누군지는 알 수 없다'라는 점에서 육안으로 확인하는 것보다 적은 정보를 줄 수밖에 없지만, 오히려 개인정보 이슈에서 자유롭다.

이 방법으로는 성별이나 연령대를 전혀 추정할 수 없다. 기업에서는 성별이나 연령 정보를 알고 싶어 하는 특성이 있어 단점으로 작용할 수 있다.

육안으로 보는 경우에도 연령대를 추정하기는 상당히 어렵다. 성별 여부도 그렇다. 이럴 때 CCTV나 카메라를 이용한 이미지 스캐닝 기술이 언급되고는 하지만, 사실 나이를 정확히 추정하는 기술은 아직 보지 못했다. 아직은 머리 길이나 헤어스타일로 남녀를 추정하는 정도다.

머신러닝을 통해 좀 더 사람을 정확하게 판단할 수 있게 되었다고 해도 지금으로는 비용 면에서도 상용화하기 어려운 수준으로 보인다. 그러나 요즘 기술의 성장이 매우 빠르니, 몇 년 안에 이런 현실도 상당히 오래된 얘기로 들릴지 모르겠다.

모바일 신호를 활용하는 방법이 사람들의 인구통계학적 특성은 알기 어렵지만, 상대적인 규모를 측정하는 데 적합하다고 여

인구통계학적 특성을 추정하는 것은 대상의 몇 가지 공통적 특징과 확률에 따르는 것이다. 비용 또한 일반 매장에서 손쉽게 사용할 만한 수준은 아니다. 그러나 컴퓨터나 휴대전화의 대중화 속도를 보면 이 방법도 머지않은 미래에 저렴하게 사용하는 기술이 될 수 있다.

겨진다. 이 골목보다 저 골목이 더 붐비는지, 이 가게보다 저 가게가 더 붐비는지, 혹은 우리 골목 앞에 지난 달보다 이번 달에 사람들이 적게 유입되는지, 그 골목의 사람들이 내 매장에 들어오는 비율이 떨어졌는지를 분석하는 데에는 가성비가 높은 기술이다.

로그 데이터처럼 행동 데이터가 모이는 시대

손에 쥐고 있는 스마트폰에서 앱을 쓴다고 상상해보자. 내가 언제 그 앱을 눌렀는지, 어느 화면에 몇 초 동안 머물렀는지, 어느 버튼을 클릭했는지 등 모든 행동이 로그 데이터로 쌓일 것이다. 굳이 의미가 없는 데이터로 간주되는 경우에 대시보드나 분석에 활용되지 않을 뿐, 모든 행동 단위 하나하나는 데이터가 될 수 있다.

웹과 앱의 소비자 행동은 그런 의미에서 일거수일투족 데이터가 된다. 장바구니에 무엇이 담겼는지, 무엇을 몇 시에 주문했다가 취소했는지, 소비자의 행동 모두가 데이터다.

그런데 이것은 온라인에서 일어나는 일이다. 오프라인 매장에서는 어떤가? POS 결제 기록 외에 무슨 데이터가 있는가? 대부분 결제와 제품의 재고 데이터뿐일 것이다. 소비자의 행동 데이터는 전적으로 매장에서 일하는 사람의 감과 기억에 의존할 수밖에 없었다.

과거에는 소비자의 행동 데이터를 모으기 쉽지 않아서, 웹과 앱에서 행동이 저절로 기록되는 것처럼 오프라인에서도 행동이 기록될 수 있다면 좋겠다는 생각을 했다. 그러나 사람들은 그런 세상을 원하지 않을 것이다. 내 일거수일투족이 기록되는 세상. 영화 〈트루먼 쇼The Truman Show〉처럼 누군가 날 계속 지켜보고 있는 듯한 기분을 좋아할 사람은 거의 없을 것이다.

그런데 오프라인에서도 나도 모르게 내 행동이 데이터화되는 순간이 있다. 지하철이나 버스에서 승하차를 위해 카드를 단말기에 댈 때, 하이패스든 현금이든 고속도로 통행료를 낼 때, 출퇴근 시 사원증을 태그하는 것도 일종의 행동 데이터가 된다. 그 시점 그 공간에 그 사람이 있었다는 행동 데이터가 될 수 있다. 따라서 통계청에 보면 이러한 종류의 공공 데이터를 쉽게 찾아볼 수 있다.

내 행동이 데이터가 되는 순간은 대부분 기계를 이용할 때이다. 내비게이션을 사용하는 것도 일종의 행동 데이터다. 개인 스

휴대전화가 사람과 동일시되는 시대가 되었다. 모바일로 금융 업무를 할 때에도, 본인 확인을 할 때에도 휴대전화를 통한다. 휴대전화에는 개인의 위치와 행동, 그리고 가장 내밀한 이야기까지 담긴다.

마트폰에서 내비게이션 앱을 사용하는 것도 마찬가지다. 어느 사람이 어느 지점을 목표로, 얼마간의 시간을 들여, 어느 경로로 이동한다는 것 자체가 모두 데이터가 되는 시대다.

스마트폰의 위치 자체를 사람으로 간주하는 것은 자연스러운 일이 되었다. 일상적인 예로는 지도 앱에서 내 위치를 찾고 길을 찾는 모든 행위가 그렇다. SNS에서 장소 태그를 하는 행동도 스마트폰의 위치를 사용하는 사람의 위치로 간주하는 행동이다. 택시를 호출할 때 내가 있는 위치를 저절로 찾아주는 것까지도 이 모든 것은 '스마트폰=사람'으로 간주하기 때문에 가능한 것이고, 이는 모바일에서 발생하는 로그 데이터가 행동 데이터화될 수 있다는 말이다.

이러한 오프라인에서의 행동 데이터는 목적 자체를 갖지 않고 생겨나는 경우가 많다. 여러 번 말하지만, 온라인 웹/앱에서 데이터는 필수적으로 발생하며 편의성 개선과 매출로 직결되는 일이 많다. 이들은 태생부터 웹/앱이라는 서비스를 위한 개선과 제를 안고 있기도 하다. 사람들이 가장 많이 몰리는 시간과 페이지, 이용자의 클릭이 많아지는 행동을 파악하는 것은 바로 수익성으로 연결되는 고리가 된다. 온라인에서의 데이터와 정보는 바로 돈이 될 가능성이다.

온라인에서 신발을 검색했을 때 가장 저렴한 제품으로 상위에 랭크된다면 소비자의 선택을 받을 확률이 높아진다. 쇼핑 사이트의 메인 페이지에 올라간다면 소비자의 눈에 들 확률이 높아진다. 장바구니에 오래 담겨 있는 신발을 대상으로 쿠폰을 제공한다면 구매 확률이 높아진다. 그 신발이 밤 10시에 많이 팔렸거나 혹은 오전 10시에 제일 안 팔렸다면, 그 시간을 겨냥한 프로모션 기획도 가능하다.

클릭만 하고 구매로 연결되지 않는 것인지, 아예 검색조차 하지 않는 제품인지도 알 수 있다. 웹/앱에서의 데이터는 구매 확률을 높여줄 가치를 지닌다.

그러나 오프라인 매장은 다르다. 신발을 사려고 오프라인 매장을 찾는 경우를 생각해보자. 신발을 신어보고 그 순간 사지 않으면 그 고객이 돌아오리란 보장이 없다. 그 사람이 몇 시에 들어

왔다가 나갔는지 기록해둘 점원이 있을까? 이번 달 신발 매출이 떨어진다면 매장에 사람이 많이 들어왔는데 안 산 건지, 이 골목에 사람들이 많이 안 오는 건지, 제품에 눈길조차 주지 않았는지 알 방법이 있는가?

기술이 발달하면서 스마트폰의 사용이 이런 데이터에 대한 궁금증을 일부 풀어주게 되었다. 모바일의 위치를 감지하는 와이파이 기기가 도처에 깔리게 되었고 GPS를 기반으로 푸시를 보내는 서비스가 많아지면서 어떤 모바일이 어느 반경에 머무르고 있는지 정도는 알 수 있는 경우가 많다. 물론 개인정보 이슈로 그 모바일의 실제 사용자가 누구인지는 알 수 없지만, 그냥 '모바일이 몇 개 저기 있다' 정도는 알 수 있다.

피플 카운팅이 가능해진 것도 이러한 기술을 활용한 예시다. 예전에는 비행기가 뜨기 전에 인원 수를 세기 위해 '딸깍 딸깍' 소리가 나는 계수기를 사용했다. 유동인구나 매장에 방문한 사람 수를 세기 위해서 사람을 고용해 숫자를 세곤 했다.

그러나 매일 매시간 지나다니는 사람의 수를 세는 것은 매우 어려운 일이다. 대략적인 흐름의 증감을 파악하기 위해서는 모바일의 이동을 보는 것이 더 효율적이다. 통신사뿐만 아니라 여러 업체에서 이러한 데이터를 모으고 분석해 제공하고 있다.

기술은 이미 많이 발전했으나, 여기서 인사이트를 찾고 활용하는 것은 기업의 몫이다. 사람의 수를 아는 것 자체가 매출을 보장하는 것은 아니기 때문이다.

실 무 자 를 위 한 가 이 드 : 모 바 일 데 이 터 분 석

위치 기반의 어플, GPS를 이용하는 서비스를 할 때 집계 데이터를 모아두지

않는 경우가 비일비재하다. 소비자의 동의를 얻어야 하기 때문이기도 하고,

그냥 '서비스만 에러 없이 작동하면 나머지는 상관없다'라고 생각하기 때문

이기도 하다.

개인을 식별할 필요도 없다. 개인정보 이슈에서 자유로울 수 있는 정도의 통

계 처리된 집계 데이터만이라도 모아두자. 유동인구 데이터를 대체할 수 있

는 가장 좋은 데이터는 개인이 가지고 있는 모바일의 고유한 개수를 통계 처

리해 모아두는 것이다. 전체의 모바일을 집계할 수 없다 하더라도 시계열 데

이터와 함께 살펴보면 상권의 살아남과 죽음을 알아차릴 수 있다.

와이파이나 BLE를 이용한 서비스도 있다. 데이터뿐만 아니라 대고객 마케팅

메시지를 전달할 수 있는 업체도 많다. 물론 비용 문제가 있으나 자체적으로

고객 데이터를 집계하고 분석할 여력이 되지 않는다면 앞으로 고려할 여지

가 있다.

이왕 하는 위치 기반 서비스, 아주 조금의 노력만 들이면 소비자의 마음을 엿

볼 통계 데이터를 얻을 수 있다.

2부

데이터 앞에서
해야 할
질문 10가지

1.
우리 회사가 돈을 버는
핵심 제품/서비스는 무엇인가

빅데이터 시대가 왔다. 그런데 고민만 깊어졌다

실리콘밸리 기업뿐만 아니라 언론, 광고까지 주변에서 모두 '빅데이터, 빅데이터' 하니까 당연히 우리 회사도 빅데이터로 무엇인가를 할 수 있을 거라고 생각하는 기업이 많다. 물론 어느 기업이나 비교적 적은 비용으로 쉽게 기술에 접근할 수 있는 시대가 되었다. 그렇지만 빅데이터를 통해 성과를 내기는 생각보다 쉽지 않다.

기업의 데이터 수준은 그야말로 천차만별이다. 그리고 생각보다 많은 기업에서 데이터를 분석하고 있지 않다. 실적과 매출을 집계하는 것은 논의의 편의성을 위해 데이터 분석 범주에서 잠시 제하도록 하겠다. 이번 달에 얼마를 벌었는지, 우리 회사가 얼마의 이윤을 냈는지 계산하는 것은 세금을 내기 위해서라도 반드시 해야 하는 일이다. 그리고 사실 꼭 빅데이터가 필요한 일도 아니다. 정확한 회계를 하는 일도 쉬운 일은 아니지만, 여기서는 데이터를 분석해 새로운 가치를 창출하는 일을 하는 기업이 많지 않다는 것을 이야기하고 싶다.

조직의 기본적인 시스템이나 보안 문제들도 있고, 직원 개인의 역량이 빅데이터를 다룰 수 없는 경우도 많다. 시스템이든 인력이든, 기업의 현황과 관계없이 조직의 '윗분들'이 실무자들을 쪼기 시작한다. 툴, 사람, 데이터가 있는데 왜 성과를 가져오지 않느냐고 다그친다. 조직원의 이력이나 기술과 상관없이 빅데이터 조직을 만들어 발령을 내고 결과물을 가져오라는 기업도 다수 있는 것으로 안다.

윗분들께서 원하시니 데이터로 뭔가 해야겠는데, 실제로는 제대로 된 분석도 해본 적 없는 사람이 많을 것이다. IT 중심의 기업에서는 상상하기 어려울 수 있지만, 여러 기업에서 아주 흔하게 일어나는 일이다.

오프라인 브랜드에서는 근본적으로 데이터 분석에 관한 대화가 불가능한 상황도 있다. 사실 데이터에 대한 전문적인 단어를 알고 있는지 아닌지는 중요하지 않다. 기술에 관해 해박한 지식을 모두 갖추고 있어야 한다는 말도 아니다. 그러나 데이터를 가지고 뭘 해야 할지 모르는 상태로 "돈을 벌 수 있는 데이터 분석을 해오세요"라고 말한다고 해서 그 일을 할 수 있는 것은 아니다. 데이터와 관련된 구체적인 목표를 설정하고, 낱개 단위의 데이터를 어떻게 활용해야 하는지 구상할 인력이 절대적으로 부족한 경우가 많은데, 이럴 경우 데이터 분석은 불가능하다.

데이터에 접근하기 위한 도구들이 대시보드의 다른 버전이라고 생각하는 사람들도 있다. 이를테면 분석 언어로 사용할 수 있는 파이썬, SQL 등 코딩이나 쿼리라는 개념을 적용해야 하는 프로그래밍 언어들도 단순히 '데이터 조회 화면'이라고 생각하는 것이다. 이미 개발이 끝나 클릭하면 나오는 그런 화면 말이다. 이런 사람들이 빅데이터를 분석하는 조직이나 유관 부서에 실제로 배치되어 있는 것은 매우 흥미롭지만 흔한 일이기도 하다.

빅데이터를 말하는 시대에 왜 이런 일들이 생기는 걸까?

데이터의 중요성은 기업마다 다르다

가장 근본적인 이유로 데이터에 대한 중요성이 기업마다 다르다는 것을 꼽는다. 데이터 없이는 기업이 성과를 낼 수 없는 시대가 되었음에도 데이터보다 더 중요한 것이 많은 회사가 있다. 데이터 없이는 유지할 수 없는 회사보다, 데이터가 없어도 살아남을 수 있는 회사가 훨씬 많다. 컴퓨터가 보급되기 이전에도 인간이 사는 데 필요한 제품을 만드는 회사가 많았다는 것만 생각해봐도 쉽게 이해할 수 있다.

흔히 알고 있는 IT 기업들, 대표적으로 FAANG(페이스북, 애플, 아마존, 넷플릭스, 구글)은 데이터나 데이터를 전문적으로 다루는 데이터 엔지니어 없이 존립이 가능할까? 아니라고 생각한다. 물론 데이터 분석만으로 한정한다면 다른 이야기가 되겠지만, 데이터와 데이터를 다룰 수 있는 인력 자체가 이들 회사의 이윤과 직결될 것이다.

얼마나 많은 사람이 어느 시간 어느 화면에 머무는지, 어떤 고객이 어떤 정보를 찾고 구매하는지 일거수일투족이 데이터로 기록된다. 그 데이터가 이 기업의 가치를 말해주거나 광고주에게 화면의 가치를 증명한다.

커피 회사에서는 무엇보다 커피가 우선이다.

커피 전문점을 예로 들어보자. 데이터가 없으면 굉장히 불편하겠지만, 원두가 없다면 아예 회사가 망할 것이다. 데이터는 정말 잘 활용하는데 원두가 없는 커피 회사? IT 서비스는 잘 갖춰져 있는데 커피가 맛이 없는 커피 회사? 커피 회사는 커피가 본질이다. 커피 없이 다른 것은 아예 언급조차 할 수 없다.

조금 다르게 말하면, 데이터가 없어도 굴러갈 수 있는 회사는 많다. 그러나 온라인 몰에서 원두만 판매하는 것이 아니라, 실제 음료를 판매하는 곳이라면 아주 협소한 공간이라도 매장이 없어서는 안 될 것이다. 매장 건물이 없어지는 것이 커피 회사에는 훨씬 더 치명적이다. 데이터보다 더 회사 존립에 직결되는 것이 많다는 말이다.

다시 말하지만 IT나 데이터가 필요 없다는 말은 아니다. 각 기업이 가지고 있는 본질이 무엇인지 보자는 이야기다.

의류 회사의 본질 역시 데이터는 아니다.

또 다른 의류 회사를 예로 들어보자. 영국의 버버리도 IT 기술을 잘 활용한다고 소문난 기업이다. 버버리는 웹사이트, 페이스북, 유튜브 등을 통해 패션쇼 라이브를 스트리밍한다. '트윗워크 Tweetwalk' 프로젝트는 패션쇼의 백스테이지 의상들을 트위터에 공개하는 이벤트다. 버버리는 다소 배타적이었던 명품 브랜드의 마케팅 방식을 멀티 채널로 확장시켰다. 이런 멀티 채널 마케팅이 사람들의 많은 호응을 얻고 있지만 방직공장, 매장, 쇼룸이 없어진다면 버버리는 더 큰 타격을 입을 것이다.

아주 극단적으로 표현하면, 이런 오프라인 기업들은 데이터가 필수가 아니다. 데이터가 제품의 판매를 좀 더 원활하고 타 기업과 비교할 수 없는 차이를 만들어낼 뿐이다. 해당 기업의 완벽한 본질은 아니라는 것이다.

 돈 버는 데 데이터가 필수가 아닐 경우 조직 안에서 힘과 예산을 많이 가진 팀은 당연하게도 IT나 데이터 유관 팀이 아니다. 오프라인 회사에서 예산 10억 원을 나누어야 할 때, 제품을 사거나 매장을 확보하는 팀에 우선 배정하겠는가, 아니면 데이터나 IT 팀에 투자하겠는가? 눈앞에 닥친 일들을 우선순위로 처리해야 할 때 무엇을 먼저 하는가? 이때 생기는 조직 내 불균형이 존재할 수밖에 없다.

 당신이 데이터 엔지니어라고 가정해보자. FAANG 같은 세계적인 IT 기업과, 마찬가지로 세계적 기업들인 오프라인 회사를 당신 마음대로 선택할 수 있다고 해보자. 선택의 기준은 무엇이 될까? 더 많은 연봉을 주는 것도 고려하겠지만, 조직 문화 자체가 엔지니어 중심인 조직과 아닌 조직이 있다는 것에 무게를 두고 고려하게 될 것이다.

 데이터가 돈 버는 데 필수이기 때문에 지금까지 더 많은 시간, 노력, 노하우를 쏟아왔을 것이 분명한 조직. 그 조직과 대비해 매장에서 어떤 제품이나 서비스를 파는 것이 중심인 조직은 다를 수밖에 없다고 생각한다.

 이는 무게 추의 문제다. 좋고 나쁨이나 옳고 그름의 문제라기보다, 무게 추의 중심이 다른 것이다. 인간도 그렇고 기업도 그렇고, 모든 것에 동등한 무게와 균형을 가지고 있기 어렵다. 완벽하게 결점이 없는 존재는 없다.

이러한 무게 중심의 차이 때문에 현재 데이터에 대한 필요성을 충분히 느끼지 못하거나, 데이터에 대한 노하우가 전혀 쌓이지 않은 기업이 생각보다 많다. 그리고 자신들이 빅데이터를 거의 활용하지 못한다는 사실을 자각조차 하지 못하는 경우도 있다.

오프라인에서도 데이터가 필요하다

시대가 변하면서 데이터는 선택이 아닌 필수가 되었다. 데이터가 생기면서 오프라인에 매장이 있는 기업들도 데이터의 가치를 깨닫기 시작했다.

스타벅스는 매장을 가진 브랜드 중에서도 매우 IT 친화적인 기업이다. 외신에서는 스타벅스를 IT 기업으로 보아야 한다는 의견까지 있다. 이미 널리 알려진 '사이렌 오더', 드라이브 스루 drive thru 매장에서 차량 번호를 인식해 결제로 연동하는 '마이 디티 패스My DT Pass'는 한국에서 처음으로 시작했다. 여러 모로 IT 를 가장 잘 활용하고 있는 브랜드 중 하나다. 멤버십이자 결제 수단인 '마이 스타벅스 리워드My Starbucks Reward'에서 제공하는 별

(마일리지처럼 모을 수 있는 가상화폐 단위) 리워드는 어느 브랜드와 견주어도 뒤지지 않는 마케팅 파워를 가지고 있다. IT 기술의 뒷받침이 없었다면 이뤄내기 어려웠을지도 모른다.

그러나 본질적인 것이 뒤따르지 않았다면 불가능한 일이다. F&B^{Food and Beverage} 사업은 식음료의 맛과 품질이 기본적으로 중요하다. 사이렌 오더가 굉장히 편리한 결제 수단이지만, 사이렌 오더가 잘된다고 해도 음료가 맛이 없으면 사먹을 리 없다. 기업의 본질적 무게 중심이 있는 곳이 IT의 탄력을 받아서 더 잘 되는 것이다. IT만 잘한다고 해서, 데이터만 잘 본다고 해서 기업이 잘되는 건 아니다.

오프라인에 매장이 있는 회사 중에서도 데이터가 필수인 조직과 그렇지 않은 조직에서 데이터팀 팀원으로 일할 때, 체감하는 것들이 다를 수 있다.

데이터가 돈 버는 데 필수적인 회사	데이터가 돈 버는 데 필수는 아닌 회사
• 데이터 인프라 필수	• 데이터는 차별화 포인트
• 엔지니어 중심	• 제/상품 제조 및 매장 중심
• 시스템 중심	• 논리&인사이트 중심
• 분석/모델링이 웹/앱에 반영	• 분석/모델링이 제품에 반영
• Online	• Offline − Online

분석하는 과정은 거의 동일하다. 데이터로 분석을 하면 IT 쪽으로 가까운 조직에서는 시스템이나 대시보드와 같은 서비스에 녹이는 경우가 더 많다. 반대의 조직에서는 거의 비슷한 과정으로 분석을 하더라도 제품을 만드는 팀에 인사이트를 제공한다. 말하자면 분석 결과를 정리해 인간의 언어로 전달하는 것이 더 많은 비중을 차지한다.

웹/앱에 반영되는 조직 vs 제품에 반영되는 조직

커피 음료를 분석한다고 가정해보자. 아메리카노같이 재료가 단순한 걸 좋아하는 고객이 있고, 우유나 시럽처럼 여러 재료가 들어간 달콤한 음료를 좋아하는 고객이 있다고 분류했다. 아메리카노를 좋아하는 고객은 앞으로도 재료를 다양하게 넣지 않은 단순한 커피를 좋아할 확률이 높다. 여러 재료를 넣은 음료를 좋아하던 고객 역시 달콤한 음료를 좋아할 확률이 높다.

이렇게 기존 제품을 가지고 분석을 했다고 하자. 그렇다면 배달 앱을 만드는 기업(데이터로 돈을 버는 쪽에 가까운 기업)들은 웹/앱 안에서 어떻게 상품을 큐레이션할지 고민할 것이다. 혹은 개인마다 취향을 분석한 뒤 개인에게 맞춘 제품을 추천해주는 '개인화 추천'에 그 분석 결과를 적용할 것이다.

그러나 실제 매장을 가지고 있는 경우에는 다를 수 있다. 메뉴 보드를 개선한다거나, 이런 성분을 가진 제품을 만드는 게 더 좋다는 등의 신제품 개발 쪽으로 인사이트를 전달하는 일이 더 많을 것이다.

그래서 오프라인 기업에서는 데이터 모델링의 완벽함보다 거기서 얻은 논리와 인사이트가 훨씬 더 활용 가치가 있고 회사 내에서 높이 평가받는 경우가 많다.

원하는 종류의 데이터를 도저히 구할 수 없을 땐 논리적인 추정이 필요할 때도 있다. 경험에 비추어 말하자면 단체 고객을 산정하는 것과 같은 문제가 그랬다.

혼자 오는 사람은 어떤 테이블을 더 좋아할까? 단체로 오는 사람들을 위해 어떤 테이블을 준비해야 할까? 중국에서는 일단 매장을 연 뒤 판매 데이터에 근거해 매장의 유형을 결정하는 기업까지 등장했다.

좌석과 테이블을 두고 사람들은 한 좌석에 사람이 앉아 있으면 그 테이블에 자리가 없다고 인지한다. 좌석을 100개 났다는 것보다는 테이블을 몇 개 났는지가 고객에겐 더 중요하다. 고객이 어떤 종류의 테이블에 앉을지, 체감하는 것 외에 방법이 있을까? 고민 끝에 영수증 데이터를 통해 단체 고객의 비율을 산정하여 논리적인 증빙으로 사용한 적이 있다.

고객 자체의 숫자 데이터가 아닌, 영수증을 통해 추정하는 것이기 때문에 한 단계의 논리적 설명이 더 필요하다. 그래서 모델링 자체보다는 담당하는 팀이나 의사 결정자를 납득시키는 일이 훨씬 더 중요할 때도 있다.

결국 우리 회사에 도움이 되는 데이터 분석을 해야 한다

1부에서 데이터의 목적은 '돈을 버는 것'이라고 했다. 돈을 벌기 위해 우리 기업의 제품을 구매하는 소비자를 이해해야 하고, 소비자의 필요와 마음을 이해하는 것이 중요하다. 그래서 소비자를 이해하기 위한 데이터 분석을 해야 한다고 강조했다.

당신은 회사의 데이터를 분석했고, 숫자 분석 자체는 잘 마무리한 상태다. 이제 그 다음 단계다. 우리 회사의 데이터를 분석한 결과를 우리 회사에 이해시켜야 한다. 아이러니하게도 소비자를 이해하는 것보다 더 어려운 일이 될 수 있다. 소비자에 대한 데이터 분석 결과를 가지고 있는 데이터 담당자는 몸담고 있는 회사의 구성원에게 그 결과를 전달해야만 한다.

앞서 설명했듯 빅데이터의 결과물을 숫자만으로 이해할 수 있는 구성원이 거의 없는 기업도 있다. 이 지점에서 기업은 스스로 거짓말을 하면 안 된다. 현황을 알아야 앞으로 교육을 하든, 아니면 데이터에 대해 잘 몰라도 이해할 수 있는 수준으로 설명을 해주든 할 수 있다. 때로 이해하지 못하면서도 이해한다고 착각하는 사람들이 있는데, 그들이 데이터 유관 업무를 계속 진행하는 경우 수십억 원의 비용과 몇 년의 시간을 들이고도 엉망이 된 데이터 체계를 갖게 되는 참사가 벌어진다. 다시 말하지만 현 상황을 직시하고 받아들여야 한다. 아주 기초부터 다시 하는 것이 오히려 덜 돌아가는 길이다.

우리 회사의 핵심 제품이 무엇인지 일단 파악하고 냉철하게 현실을 보자. "우리 정도면 잘하고 있는 거지"라고 안위하는 순간, 성장 가능성은 없어진다. 임원들에게 현황을 상향 포장하고 돈을 들여 외주 업체로부터 시스템을 구매하는 것이 빅데이터의 성과인 것처럼 생각하는 기업이 많다.

협력사가 시스템을 만들어주고 떠난 뒤, 기업 스스로 어떤 성과를 가져왔는지 잘 생각해보자. 엄밀히 말하면 외부 업체는 돈을 받고 의뢰받은 일을 한 후 일정기간이 지난 뒤엔 책임을 질 필요가 없다. 협력 업체가 프로젝트를 마치고 떠난 후부터는 기업 스스로 데이터로 어떤 식의 결과를 내고 자생할지 고민해야 한다.

생각보다 잘하고 있는 기업들도 있다. 그들은 아주 기초적인 것부터 데이터를 차근차근 잘 쌓아놓았다는 장점이 있다. 아직 목걸이를 만들지는 못했지만, 빛나는 구슬을 많이 가진 셈이다. 이런 기업들은 외주 업체에게 프로젝트를 의뢰하는 상황에서도 불필요한 데이터의 설명이나 정제작업 시간을 단축할 수 있다.

결론적으로 우리 회사의 핵심 제품에 도움이 되는 분석을 위해 노력을 재정비해야 한다. 핵심 제품과 본질에 대한 고민이 없는 기업은 무엇을 분석해야 하느냐를 놓고도 우왕좌왕할 확률이 매우 높다.

2.
우리 회사의 데이터 역량은
어느 정도인가

우리 회사의 수준을 직시하자

우리 회사의 데이터 역량은 어느 정도인가? 매우 뼈아프지만 꼭 던져보아야 할 질문이다. 한계를 설정하자는 것이 아니다. 요즘엔 전문적인 기술 없이도 빅데이터를 활용할 수 있는 좋은 툴이 많이 나왔고, 협력 업체를 활용할 수도 있다.

그러나 현재 수준을 인정하지 않으면 오히려 더 돌아가느라 목표한 수준까지 가지 못할 수 있다. 비용과 시간이 낭비되는 것은 물론이다.

여러 기업에서 데이터가 잘 정리되지 않은 경우가 많다. 분석을 목적으로 쌓은 것이 아니라 데이터를 말 그대로 '쌓아놓기'만 하는 것이다. 한 번도 빅데이터 수준의 로데이터raw data(가공되지 않은 데이터)를 열어본 적이 없고, 합계나 비율이 아니라 통계 처리를 한 적도 없을지 모른다. 필요할 때 임기응변으로 데이터를 덧대어 결과물을 낼 수도 있다.

이러한 현황을 알지 못하는 임원들은 자사가 모은 데이터를 높은 수준으로 분석할 수 있을 것이라고 믿는다. 왜냐하면 데이터를 위해 많은 자본을 투자했기 때문이다. 세상은 이런저런 분석 요건과 머신러닝, 고도화된 대고객 마케팅 기법을 이야기하기 시작했고, 자본을 투자했으니 당연히 자신의 기업에서도 가능하리라 기대한다.

그러나 현실에서는 미봉책으로 새로운 데이터를 만들어내고, 쌓고, 서버를 다시 구매하고, 프로젝트를 띄우고, 컨설팅 업체에 돈을 지불하는 악순환이 계속된다.

그룹사의 데이터를 통합하고 싶어 하는 그룹도 많다. 그래서 범그룹적인 데이터팀을 만들고, A급 엔지니어를 채용해 큰 그림을 그리는 기업도 적지 않을 것이다. 그러나 고객의 개인정보는 각 기업들이 공유할 수 없는 경우가 많고 법적인 문제는 해결하기가 어렵다. 법은 당연히 지켜야 한다. 고객은 그룹사가 어떻게 나뉘어 있는지 알 턱이 없다. 그래서 다른 기업에서 통합된 멤버십으로 새로운 서비스를 내놓는다는 소문이 들리면 더욱 조급해지지만 현실적으로 개인정보 문제를 해결하기가 쉽지 않다. 이러는 사이 데이터팀은 지쳐가고 어렵게 모은 엔지니어들이 떠나간다.

이런 회사들도 업계에서 나름 잘나간다. 이런 회사들은 데이터가 없어서 망하지는 않는다. 핵심 제품이 데이터가 아닌 회사들이기 때문이다. 그러나 임원들이 외부에서 보고 듣는 수준 높은 데이터 프로젝트를 해낼 수 있는 상태도 아니다. 그래서 외부업체에 돈을 지불해 완성할 수 있는 데이터 기반의 서비스를 시작한다. 그리고 몇 해 후 다시 동력을 잃고 사라진다. 또 다시 수억 원의 돈을 들여 IT 서비스를 새롭게 시작하고 다른 이름으로 프로젝트를 시작하기를 반복하게 된다.

기업의 존립과 연결되지는 않아 다행이지만, 소모적인 과정이다. 누군가에게는 경제적 이윤을 얻는 일일 것이나 이상과 현실의 괴리가 큰 상태로 프로젝트를 시작하고 시간을 낭비한 채 제자리걸음을 할 가능성이 크다. 그 사실을 모두가 알고 있으나 관심은 이어지기 어렵다. 임원이 바뀔 때마다 새롭게 프로젝트를 시작하는 경우가 많기 때문이다.

목표를 크게 가져야 중간이라도 따라갈 수 있다는 마음으로 이상적인 모습에 대해 이야기하는 것도 필요하다. 그러나 현실을 인정하지 않으면, 오히려 제자리걸음하는 모습을 더 자주 보게 된다. 구슬의 모양이 제대로 만들어지지 않았는데 구슬을 잘 꿸 수 있을 리가 없다. 미봉책으로 만들어낸 구슬들은 얼마 지나지 않아 쓸 수 없게 된다.

작은 목표라도 차근차근 확실히 실현하는 것이 필요하다. 회사에서 스스로 목표를 세우고 그 데이터의 목적을 이뤄나가는 경험을 하는 것이 중요하다. 실제 협력사가 일을 하고 있는 것과 무관하다. 근본적인 고민 없이 결과만 내놓으라고 하는 '갑' 회사는 발전하기가 어렵다.

우리 회사의 상태를 점검할 때, 일단 크게 세 가지를 확인해보자.

1. **인력** : 우리 회사에 데이터 분석을 할 수 있는 인력이 있는가? 혹은 나(개인)는 그러한 인력인가?
2. **시스템** : 우리 회사에 데이터를 담을 수 있는 시스템이 있는가?
3. **데이터** : 우리 회사에 어떤 종류의 데이터가 있는가?

셋 중 하나라도 없으면 제대로 분석하기가 어렵다.

1. 인력

빅데이터를 경험하지 못한 임원들이 하는 착각 중 하나는 '조금이라도 숫자를 다루던 사람을 빅데이터 조직에 발령 내면 그 일을 할 수 있겠지'라는 것이다. 물론 할 수도 있고 못 할 수도 있지만, 코딩을 단기간에 습득할 수 있으리란 것은 보통 희망사항으로 끝난다. 요즘 들어, 과거의 영어(토익) 학습 시장만큼 다양한 데이터 학습 코스를 볼 수 있다. 한 달 만에 할 수 있다고 이야기하는 코스도 있다. 그러나 그렇게 짧은 시간에 얻을 수 있는 것은 아주 기초적인 배경일 뿐이다.

어릴 때부터 코딩을 하고 대학에서 컴퓨터 사이언스를 전공한 데이터 엔지니어만큼의 분석을 몇 주, 몇 달 만에 할 수 있다는 말 자체가 성립하기 어렵다. 데이터에 대한 기술뿐 아니라 경험은 간단하게 따라잡을 수 있는 것이 아니다. 그런 지름길이 있다면 지금의 데이터 사이언티스트 부족 현상을 설명할 수 없다. 몇 주, 몇 달로 할 수 있는 것이라면, 내년 이맘때 즈음엔 데이터 엔지니어나 데이터 분석가 부족 현상은 없어져야 한다. 마치 100일 만에 영어 정복이 가능하다면 이미 대부분의 사람이 영어를 유창하게 할 수 있어야 하는 것처럼 말이다.

물론 과거보다는 어렵지 않게 접근할 수 있는 툴과 서비스가 많이 나왔다. 코딩의 어려운 부분은 블랙박스로 만들어 뒤에 숨기고, 간단한 툴로 분석이 가능하도록 하는 것이다. 몇 해 전부터 상당히 즐겨 사용하는 툴이 있는데 잘만 활용하면 아주 까다로운 분석이 아닌 이상 코딩 없이 '드래그 앤 드롭drag and drop'으로 차트를 만들 수 있다.

정말 빅데이터의 가치를 빛낼 수 있는 분석은 여전히 까다롭고 많은 논리적 과정을 필요로 한다. 빅데이터 분석이 필요치 않은 단순한 분석이라면 이미 기업 내 화면으로 조회할 수 있는 대시보드에 완성되어 있을 것이다. 그러나 정말 궁금한 하나의 숫자를 알아내기 위해 몇 백, 몇 천 줄의 코딩이 필요할 수도 있다. 그것을 기존 툴로 해내기는 쉽지 않다.

단기간 안에 이루기 어렵다는 것을 인정하라는 것이지, 포기하라는 이야기는 아니다. 단기간 교육만으로 성과를 내라는 것이 아니라, 인내심을 가지고 교육하는 일이 필요하다는 것이다. 개인 또한 자신이 지금 전혀 빅데이터를 다룰 수 없다 하더라도 교육을 통해 조금이라도 성장할 수 있다고 믿어야 한다. 그래야 데이터 프로젝트를 이해하는 수준에라도 도달할 수 있다.

솔직히 말하면 아무나 다 할 수 있다고는 하지 않겠다. 사람들에게 데이터 분석을 가르치며 느낀 것이 있다. 안타깝게도 데이터 센스가 전혀 없는 사람도 있으며, 센스가 있더라도 코딩을 통해 분석하는 것은 전혀 다른 일이기도 하다. 어떤 사람은 의외로 빠르게 코딩 구조를 이해하기도 하는데, 보통 분석 결과물과 그에 필요한 데이터 형식을 명확히 이해하는 경우에 코딩을 더 빨리 습득할 수 있다고 보인다.

빅데이터의 정수를 맛보기 위해서는 현재 인력을 몇 년 동안 교육해도 해결이 어려울 수 있다. 이미 지식을 충분히 가지고 있는 인력이 회사 내에 얼마나 있는지, 어느 정도의 수준이 되면 내가 원하는 결과물이 나올지, 냉정하게 고민해야 한다.

2. 시스템

빅데이터를 할 수 있는 사람을 조직에 데려왔다. 그런데 그 사람이 다룰 수 있는 툴과 데이터가 없다면? 어렵게 구한 빅데이터 인력은 허망하게 시간을 보내게 된다.

시스템이 얼마나 갖추어져 있는지도 냉정히 생각해보자. 바로 얼마 전 비싼 시스템을 잔뜩 사놓았기 때문에 자신감이 있을지도 모르겠다. 그러나 그것이 빅데이터를 위한 시스템은 아닐 수도 있다. 비싸다고 좋은 것은 아니다.

마치 예전의 집채만 했던 컴퓨터가 점점 작아지고 저렴해진 것과 비슷하다. 휴대전화도 마찬가지다. 크고 불편했을 때 훨씬 비쌌다. 기술이 발전하면서 더 저렴하면서도 성능 좋은 모델이 나타났다. 그러나 여전히 비싼 시스템을 사용하고 그것을 확장해나가고 있는 기업이라면 아직도 비싼 게 좋은 것이라고 생각할 수도 있다.

분석만을 위한 서버를 따로 갖추어야 할 때도 있다. 개인정보 이슈를 벗어날 수 있도록 따로 서버를 만들어야 편리하다. 개인정보가 담기지 않은 순수한 분석 용도의 데이터만 담는 것이다. 그러면 분석이 훨씬 수월해진다.

일부 회사에서는 분석 자체를 수행하기 어려운 보안 프로그램을 사용하기도 한다. 그런 회사들은 보안 문제를 해결하기 전까지 빅데이터 프로젝트를 유보하는 것이 나을 수 있다. 법적으로 문제가 될 가능성이 있으니 데이터를 대량으로 조회하는 것조차 안 된다고 말하는 조직에서는 앞으로 나아가기가 어려울 것이다. 이는 개인정보와 다른 데이터가 하나의 시스템 안에 들어 있기 때문에 일어나는 일이다. 그것을 해결하지 않고 무조건 분석을 막는 것은 그냥 빅데이터 프로젝트를 할 수 없다는 것이고 그 회사는 아주 기본적인 준비가 되지 않은 상황이다.

여기서 보안 담당자의 역할이 중요하다. 데이터를 분석하는 역할은 아니지만, 데이터 분석가에게 날개를 달아줄 수도 있고 족쇄를 채울 수도 있다. 자신의 업무라며 "무조건 보안을 철저히 해야 한다"라고 앵무새처럼 말하는 보안 담당자가 있다면, 그 보안부터 해결해야 한다는 것을 회사가 얼른 깨달아야 한다.

당연히 개인정보는 지켜야 하며 법에 저촉되는 일은 하면 안된다. 법에 저촉되지 않으나 기업과 소비자에게 도움이 될 수 있는 선에서 빅데이터를 활용하도록 해주어야 한다. 그것이 능력 있는 보안 담당자의 역할이다.

이 문제를 해결하고 빅데이터를 담을 수 있는 시스템과 툴을 갖추기 시작한 뒤에야 인력이 운신할 수 있는 기반이 마련된다.

빅데이터 프로젝트를 시작할 때 또 한 가지 경계해야 하는 것은, 툴을 이야기할 때 자꾸 'BI'와 같은 툴을 도입하면 빅데이터가 해결될 것이라는 만능설을 들고오는 것이다.

BI는 도구일 뿐 결과가 될 수 없다. 기존에 데이터를 충분히 활용하지 않던 기업을 속이기 쉬운 방법 중 하나다. BI는 말하자면 디자이너에게 일러스트 툴 중 하나를 사주는 것과 비슷하다. 웹에서 공유할 수 있다는 점 외엔 엑셀보다 나은 점을 찾기 어렵다.

새로운 BI를 도입하는 것은 가시적인 효과가 크다. 돈을 들이고 눈에 보이는 새로운 툴이 생겼으니 성공한 것 같다. 마치 빅데이터를 할 수 없던 사람도 쉽게 할 수 있는 것처럼 보인다. 사용자가 직접 데이터 차트 화면을 구성하는 경우에는 더욱, 개발자가 개발하는 대시보드가 아니라 사용자가 만드는 것이라 더 쉽게 빅데이터에 접근할 것처럼 보인다.

그렇지만 데이터의 목적 없이 BI만 들여왔다면, 몇 명의 사람이 몇 개의 프로젝트에서 그 툴을 사용할까? 기존의 툴과 쓰임새가 달라지는가?

결국 데이터의 구조를 정확히 파악하고 데이터의 목적을 명확히 가지고 있는 사람만이 그 툴을 제대로 쓸 수 있다. 그러나 안타깝게도 그런 사람이 별로 없다. 데이터의 구조를 파악한다는 것 자체가 빅데이터를 어느 정도 접해보았으며 로그 데이터를 이해하고 있는 전문 인력일 확률이 높기 때문이다.

가장 손쉽고 가시적이라는 이유로 BI 갈아치우기부터 시작하는 기업은 빅데이터를 통한 변화를 체감하기 어려울 것이다. 새로운 툴을 배우느라고 오히려 기존 직원의 업무 피로도가 높아지고 효율성만 떨어질지도 모른다. 데이터의 목적을 분명히 한 뒤 도구의 힘을 빌려야 한다.

3. 데이터

무슨 데이터가 어떻게 쌓여 있는지도 중요하다.

모 회사에서 프로젝트를 진행하며 큰 혼란에 빠진 적이 있다. 도대체 이유를 알 수 없을 정도로 데이터가 그냥 '쌓여만' 있었다. 심지어 실무자가 알고 싶어 하는 숫자를 알아내는 데 필요한 큰 연결고리도 없었다.

사회 초년의 데이터 사이언티스트가 오랜만에 만난 다른 회사 데이터 사이언티스트에게 하소연을 한 적이 있다고 한다.

"데이터가 이렇게 저렇게 쌓여 있어서, 이런저런 것들을 할 수가 없어요."

"그래도 데이터가 있기는 하잖아요."

그렇다. 데이터가 있기는 하니 다행이다.

데이터가 없는 경우도 있다. 정말이다. 데이터가 없어서 분석할 것도 없는 회사도 있다. 데이터를 쌓는 것도 시간과 비용이 드는 일이다.

회사마다 장단점이 있지만 데이터 분석가가 일하기 좋은 회사는 따로 있다. 좋은 구슬을 많이 가진 회사이다. 데이터 분석가가 일을 하려면 데이터가 있어야 한다. 데이터가 없는데 무슨 데이터 분석이란 말인가.

"데이터 하는 사람은 데이터 있는 곳에 있어야 한다."

맞는 이야기다. 데이터가 많으면 어떻게든 지지고 볶고 결과물을 낼 가능성이 있다. 그러나 데이터가 없으면 그 데이터를 쌓는 것부터가 굉장히 어렵다. 만약 데이터가 지저분하게라도 있으면 어떻게든 맛보기로 '데이터를 잘 만들면 이런 것이 가능하다'라고 내부 조직을 설득할 가능성이 생긴다. 그러나 데이터가 전혀 없다면, 맛보기로 보여줄 것도 만들기 어렵다. 외부 사례를 가지고 와봐야, 본인이 모르는 이야기면 와 닿지 않고 외부의 성공 사례도 그다지 없다. FAANG의 성공 사례는 다른 세계 이야기라고 치부해버릴 가능성이 높다.

데이터라도 많이 확보되어 있으면 시작할 수 있는 확률이 생긴다. 다시 말하지만 데이터를 쌓아두기만 하면 성공한다는 이야기가 아니다. 데이터가 있으면 데이터의 목적을 위해 달릴 때 연료의 역할을 한다는 것이다.

그런데 내가 원하는 유형의 데이터가 없다면 어떻게 해야 할까? 이런 일은 자주 일어난다.

이를테면 '더치페이 비율' 같은 것이다. 더치페이를 본인이 얼마나 자주 하는지 정확히 이야기할 수 있는가? 무슨 일이 있어도 하는 사람도 일부 있을 것이다. 그러나 친구와는 더치페이를 하지만, 가족과 있을 때 내가 산다. 전에 선배가 한 번 샀으니 이번엔 내가 산다. 한 사람이 밥을 사주면 커피는 내가 산다. 이런 상황이 많기 때문에, 나 스스로에 대한 더치페이 비율을 정확히 산정할 수 있는 사람이 많지 않다. 하물며 수백, 수천 명의 고객 데이터를 추정하는 것은 매우 어려운 일이다.

'단체 손님' 같은 것도 그렇다. 어느 시점에 들어온 네 명의 단체 고객은 두 시간 동안 앉아 있었다. 그 다음에 들어온 세 명의 단체 고객은 30분 동안 앉아 있었고, 그 중 두 명은 떠나고 한 명

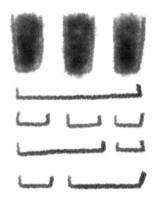

세 명이 함께 만났다고 하자. 더치페이를 한 비율은 얼마나 되는가? 만나는 사람이 동료일 때, 친구일 때, 가족일 때 모두 다를 것이다. 나는 정확히 1년에 몇 번 더치페이를 하는가?

은 계속 자리에 앉아 다른 일을 했다. 그 다음 들어온 다섯 명의 단체 고객 중 두 명은 10분 뒤 테이크아웃을 해서 나가고 남은 세 명이 대화를 하던 중 한 명이 추가로 합류해 네 명이 되었다……

이 모든 경우의 수를 완벽히 파악하고 응답할 수 있는 사람이 있을까? 고객의 일거수일투족을 기록해두었다가 매주, 매달 통계를 내지 않는 이상 더치페이나 단체 고객에 대한 설문 조사 응답 같은 건 믿을 만한 수치가 아닐 가능성이 있다. 그런데 기업의 입장에서 더치페이나 단체 고객의 비율을 정확히 알 수 있겠는가. 그저 다른 데이터나 시간대별 샘플 데이터로 추정을 할 뿐이다.

정확히 그 데이터를 얻겠다고 고집을 부릴 시간에, 논리적으로 유사한 데이터를 찾거나 추정을 하는 데 노력을 들이는 편이 낫다. 혹은, 원하는 데이터를 정확히 얻을 수 있는 프로젝트를 시작하자. 그것이 정말 가치 있는 숫자라면 그렇게 시작해야 한다.

행동에 대한 아주 정확한 숫자를 알아내는 것은 매우 어려운 일이다. 일단 비용이 만만치 않다. 비용을 들여 알아냈다 하더라도 매장별, 시간대별, 시기별, 월별, 계절별로 달라진다.

의미 있는 데이터를 확보해서 분석하려는 노력은 필요하다. 그러나 정확하지 않을 때 유사한 데이터를 찾는 것도 하나의 방법이 된다.

데이터 분석 경험이 많지 않은 회사는 이러한 창의성을 발휘

하기 쉽지 않다. 무엇보다도 데이터의 목적이 결여되어 있기 때문에 목적을 위해 어떤 수단을 써야 할지 효율적으로 생각하기 쉽지 않다.

데이터 수준, 의사 결정자 수준에 달렸다

인력, 시스템, 데이터는 목적에 따라 정렬되어야 한다. 데이터를 제대로 활용하지 않는다고 당장 기업이 잘못되지는 않겠지만, 무턱대고 비용을 들여 외부 컨설팅이나 협력 업체에만 의존한다면 앞으로도 기업 스스로 데이터를 잘 활용할 가능성은 없을 것이다.

그렇다면 어느 부분이 부족한지 깨닫고 채울 수 있는 사람은 누구인가. 한 개인도 아닐 것이고, 무형의 기업도 아닐 것이다. 그 책임을 지닌 사람은 바로 의사 결정자(보통은 임원이나 팀장)다. 단적으로 말하면 조직의 수장이라고 할 수 있다.

의사 결정자는 우리 회사에 어느 부분이 부족한지 직시할 수 있어야 한다. 사원이 아무리 필요하다고 이야기해도 조직 전체가 변화하기는 쉽지 않다. 그러나 의사 결정자, 특히 조직의 가장 높은 사람이 강력한 의지를 가지고 있다면 이야기는 달라진다.

가령, 데이터가 필요 없다고 생각하는 부서가 있다. 그들은 데이터팀에서 도움이 되는 분석 결과를 가지고 온다 해도 듣지 않을 선택지가 있다. 엄밀히 말해서 다른 조직이니까. 데이터팀에서 그들을 평가하는 것도 아니고 자신들의 실력을 인정해 승진을 시켜주는 것도 아니니, 데이터 분석 결과를 듣지 않거나 무시할 가능성이 있다.

그러나 대표나 임원이 강력한 의지로 데이터를 활용하도록 지시한다면 이야기가 달라진다. 데이터로 성과를 낼 수 있도록 예산과 조직을 재배치하는 의사 결정권도 임원급 의사 결정자가 가지고 있을 것이다. 그들은 억지로라도 데이터를 활용해 협력할 수 있는 조직 문화를 만들어낼 가능성이 있다.

따라서 한 회사의 데이터 수준은 의사 결정자의 수준을 넘어서지 않는다. 기술이나 데이터에 대한 지식을 말하는 것이 아니다. 빅데이터를 활용해 성과를 내겠다는 '데이터의 목적'을 가지고 있느냐 아니냐의 문제다.

의사 결정자가 인력과 시스템, 데이터에 대한 현실적인 문제조차 인지하지 못한다면 그 조직은 앞으로 나아갈 수 없다. 자신이 그 분야에 전문가가 아니라면 믿을 만한 인력을 영입하거나 관리하는 것도 그 의사 결정자의 역량이기 때문이다.

3.

데이터의 필요성을
모두가 느끼고 있는가

빅데이터가 정말 필요합니까?

데이터가 없던 시절, PC나 노트북이 없던 시절에도 잘나가는 회사는 잘나갔다. 앞에서 살펴봤지만 데이터가 필수가 아닌 회사는 과거에도 있었고 지금도 있다. 과거를 포함해 현재에도, 데이터를 보지 않아도 잘나가는 회사들이 있다.

그들이 데이터 분석을 잘해서 성공했던 것은 아니다. 타고난 장사 수완과 감각으로 성공했을 수도 있다. 시대와 시장이 잘 맞아 생각지도 못한 횡재를 했을 수 있다.

그러나 세상이 변했다. 동네에 한두 개만 있는, 혹은 전국에서 손꼽히는 이름난 제품 하나만으로 시장을 휘어잡던 시대는 지났다. 오늘의 인기 상품이 몇 달 내에 사라질지 아무도 모른다.

데이터를 가진 회사는 앞으로 나아갈 추진기를 확보한 셈이다. 데이터를 통해 더 빠르게, 더 확실한 방법으로 나아갈 방법을 얻을 수 있다.

이때 천운이 따라주거나 따라주지 않는 경우도 있다. 몇 해 전 사스나 메르스와 같이 통제하기 어려운 전염병이 창궐했을 때, 아무리 노력해도 관광·호텔 업계가 어려움을 겪었던 적이 있다. 중국 정부의 결정으로 중국 단체 관광객의 발길이 뚝 끊겼으나, 이것은 데이터로 예측할 수도 없었고 데이터만으로 회복시키기도 어려웠다.

데이터가 사업 불패를 장담하는 것은 아니다. 그러나 전보다 매출이 얼마나 떨어졌는지, 언제 회복 조짐이 보이는지, 어떤 경우에 이런 불황에도 불구하고 매출이 그나마 회복했는지 파악하는 모든 것이 데이터의 도움으로 원활해진다.

남들이 데이터 추진기를 달고 하루이틀 안에 문제를 해결할 때, 데이터를 확보하느라 몇 주씩 의사 결정을 지연할 것인가? 지난 과거에서 배우는 것 하나 없이 비슷한 문제가 생기면 또 협력 업체나 직원들을 괴롭히며 발을 구를 것인가?

데이터는 의사 결정을 좀 더 논리적으로 할 수 있도록 돕는다. 지금 시대에 데이터의 필요성을 느끼지 못한다는 것은, 자신이 육감에 의존해 살아간다고 말하는 것과 비슷하다.

데이터는 지나간 얘기 아닌가?

데이터는 실시간이라고 해도 현재 이전 정보가 쌓이는 것이기 때문에 과거의 이야기를 담고 있다. 앞으로 나아가야 하는 데 과거의 이야기는 필요 없다고 생각하는 사람들이 있다.

이는 역사를 이야기할 때와 비슷하다. 역사와 현재는 다르다고 말할 수 있지만, 역사에서도 배울 것은 있으며, 시대가 달라져도 사람은 비슷한 행동을 하기 마련이다.

데이터가 과거를 담고 있기 때문에 새로운 프로젝트에 아무런 도움이 안 된다고 이야기하는 사람들은 무엇을 기반으로 새로운 기획을 하는지 궁금하다. 하늘에서 영감이 내려오거나 무에서 유를 창조하는 과정을 겪을지도 모르겠다.

그러나 결국 새로운 프로젝트가 탄생할 때 아주 근사치의 과거라도 확인을 하게 될 것이다. 새로운 프로젝트의 평가 지표도 현재 혹은 가까운 과거를 기반으로 하게 될 것이다.

사람들이 선호하는 머신러닝, 혹은 예측이라는 것도 과거 데이터를 활용할 수밖에 없다. 머신러닝의 원리를 단순히 표현하면, 지금까지의 데이터를 머신이 학습하고 새로운 데이터를 그 학습 결과에 따라 예측해주는 과정을 거친다. 학습시킬 데이터가 없으면 예측도 불가능하다.

데이터를 과거로 치부하기엔 데이터로 더 낫게 만들 수 있는 현재와 미래의 일이 많다. 앞으로의 일을 계획하기 위해 과거를 돌아볼 필요도 있다. '새로운 것'이란 개념 자체도 지금 무엇이 있고 없는지 돌아보아야 나올 수 있다.

내가 모르는 건 중요하지 않다고 생각하는 사람들이 있다

세상엔 다양한 사람들이 있다. 새로운 영역을 접할 때의 반응도 다르다. 자신이 모르는 일을 하는 사람의 영역을 존중하며 "저 사람은 내가 모르는 일을 하네. 함부로 판단할 수 없겠다"라는 태도를 지닌 사람들이 있다. 한편으로는 "저 사람은 내가 모르는 일을 하고, 잘 모르겠으니까 중요하지 않은 일인 것 같다"라고 생각하는 사람들도 있다. 또 반대로 "저 사람은 내가 모르는 일을 하네, 완전 멋있다! 엄청 중요한 일을 하는 것 같다"라고 생각하는 사람도 있다.

데이터에 국한된 이야기가 아니라 여러 영역에서 이런 사람들을 볼 수 있다. 예술적인 조각을 잘하는 사람을 보고 그런 생각을 할 수 있고, 편집자, 회계사, 속기사를 보고도 할 수 있는 생각들이다.

기술과 데이터에 대한 이야기가 여러 영역으로 퍼지다 보니, 데이터에 익숙하지 않은 사람들도 억지로 데이터를 접해야 하는 순간이 온다. 이때 위에서 이야기한 세 가지 태도를 가질 수가 있다. 일단 판단을 유보하며 영역을 존중하는 것, 데이터가 중요하지 않다고 치부하는 것, 데이터를 무조건 좋아하는 것.

어떤 태도가 좋거나 좋지 않다고 단정적으로 말할 수는 없지만, '데이터가 중요하지 않다'고 말하는 경우라면 데이터를 활용할 수 있는 가능성이 매우 적어질 것이다.

"빅데이터 그거, 어차피 사람들이 이해도 잘 못하는데 꼭 해야 하나?"

이렇게 생각하는 사람은 혹시 자신이 데이터를 잘 이해하지 못하기 때문에 중요하지 않다고 생각하는 건 아닌지 되돌아볼 필요가 있다.

데이터가 회사의 주인공일 필요는 없다. 여러 번 말하지만 회사가 돈을 버는 데 (데이터 자체가 중심이 되는 회사가 아닌 이상) 데이터가 항상 빛나는 자리에 있을 필요는 없다.

사람들이 이해하지 못한다고 해서 덜 중요한 것은 아니다. 오히려 사람들이 낯설어 하는 내용을 쉽게 전달하려는 노력이 필요하다.

어떤 영역이든 중요하지 않다고 말할 수 없다. 회사의 어떤 부서도 필요하지 않은 부서는 없다. 프로젝트의 특성이나 시대에 따라 더 부각되거나 더 빛나는 곳이 있을 뿐이다. 자신이 잘 모르는 것은 '중요하지 않다'고 말하는 순간, 아는 영역 이상으로 확장할 여지가 적어진다. 따라서 기술이나 데이터에 대해 잘 모르더라도 그 영역이 가질 수 있는 가능성을 부정하지 마라.

4.

데이터가
모든 것을 해결해줄까

빅데이터가 모든 것을 해결해줄 것이다?

빅데이터 만병통치설을 믿는 사람들이 있다. 뭐든지 많이 모으고 많이 쌓으면 엄청난 인사이트가 나오리라고 생각하는 사람들이 의외로 많다. 대상자 전원을 조사하는 '전수 조사'에 대한 로망도 같은 맥락이라고 볼 수 있다.

물론 데이터를 많이 가진 회사는 데이터 자체의 권력을 누리게 될 가능성이 있다. 데이터가 돈이 되는 세상이 되었고, 어쨌든 데이터를 가졌다는 것은 '구슬이 서 말' 있다는 의미이니 말이다.

그러나 많은 데이터를 가지고 있는 것 자체로는 회사의 문제를 해결할 수 없다. 구슬이 서 말이어도 '꿰어야 보배'이지 않은가.

데이터를 많이 가지고서도 분석을 하지 않는 회사를 정말 많이 보았다. 쌓아만 놓고 매출 집계 외의 아무 분석도 하지 않는 회사도 많다. 일단 데이터를 많이 갖고 있으니 성과를 가지고 오라는 조직도 많다.

데이터는 정말 '구슬'일 뿐이다. 구슬 자체가 많다고 해서 무슨 소용이 있는가. 어떤 종류의 구슬이 있는지 파악하지 못하고, 어떻게 연결해야 할지도 모르며, 심지어 그 구슬 속에서 허우적거리다가 아무것도 만들지 못하는 데 그치기도 한다.

데이터는 목적이 있을 때만 정돈할 수 있다. POS가 있고, 매출이 있는데 왜 내가 원하는 결과를 볼 수 없는지 의아한가? 그러나 그 많은 데이터는 목적을 가질 때만 목적 아래서 정렬되는 것이다.

완전히 날 것의 로그 데이터를 본 적이 있는가? 아니, 일부라도 데이터를 사용하기 쉽게 전처리가 된 로데이터라도 본 적이 있는가? 엑셀 시트에 담기지 않을 분량의 데이터가 끝없이 이어져 있는 것을 머릿속으로 상상해, 원하는 부분만 뽑아내는 일을 할 수 있는가?

아이디어가 없고 기술이 없는 사람에게는 많은 데이터가 오히려 혼돈을 가져온다. 어떠한 결과물을 상상하고 거기까지 도달하기 위해 낱개 단위의 데이터를 배열한다고 상상해보자. 그 결과물을 구체적으로 상상할 수 없다면 빅데이터가 쌓여 있더라도 분석할 수 없다.

매일 쌓이는 엄청난 양의 데이터를 주체하지 못하고 그냥 버리는 기업도 많다. 활용할 사람이 없으니 쌓이기만 하는데, 그 쌓인 데이터를 저장하고 관리하는 것도 비용이기 때문이다.

오히려 빅데이터를 버리고 본인이 사용 가능한 형식의 데이터를 논리적으로 배열하는 것이 의사 결정에 더 큰 도움을 줄 수도 있다.

'빅데이터, 빅데이터' 하기 전에 종이에 내가 원하는 데이터가 어떤 것인지 그려보자. 무슨 데이터로부터 어떤 숫자를 얻기 원하는지 연필로도 끄적거릴 수 없다면, 그 사람에게 빅데이터는 그저 막연한 존재일 뿐이다.

설문 조사도 예외는 아니다. 설문 조사를 한다고 가정하자. 10명을 대상으로 설문 조사를 하는 것보다는, 100명을 대상으로 하는 것이 더 객관적이라고 여겨진다. 그러나 똑같은 질문을 1,000명, 1만 명, 10만 명에게 한다고 해서 더 객관적이 되는 것은

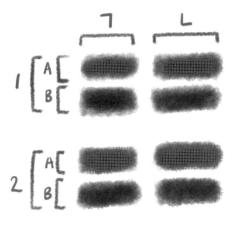

세 가지 기준으로 나뉜 8개의 그룹에서 각 30명씩, 총 240명만 되어도 통계적 유의성을 얻을 수 있다. 무조건 많은 수가 객관성을 확보하지는 않는다.

아니다. 오히려 그 질문이 얼마나 핵심을 간파하는 질문인지, 얼마나 중요한 고객에게 질문하고 있는지가 더욱 중요할 때도 있다.

통상적으로는 한 그룹에 30명 이상이면 통계적인 유의성이 나온다고 한다. 자신이 원하는 비교군이 여성과 남성(2그룹), 30대와 40대(2그룹), 그리고 어떤 제품을 구매한 그룹과 아닌 그룹(2그룹)이라면 8그룹이 필요하다. 그럼 그룹별로 약 30명, 제대로 대답한 인원이 최소 240명 정도만 되어도 통계적으로 검증할 수 있다.

비용과 시간이 허락된다면 수만 명씩 조사해도 좋다. 그러나 그것이 바로 객관성이나 결과의 성공을 보장해주는 것은 아니다. 적절한 대상을 향한 적절한 질문과 의미 있는 해석이 훨씬 더 중요하다.

많은 데이터보다 더 중요한 것은 그 많은 데이터로부터 얻고 싶은 인사이트가 무엇인지 명확히 하는 것이다.

5.

들도 보도 못한 것을
기대하는가

뭔가 획기적이고 새로운 것 없습니까?

데이터 분석을 하는 사람들은 관계자들과 분석 내용을 리뷰할 때, '이거 내가 다 알던 건데 뭐가 새롭느냐'라는 이야기를 듣는 일이 자주 있다. 실제로는 한 번도 데이터로 분석한 적이 없는 내용인데도 그렇다. 빅데이터를 분석했으면 알지 못하던 새로운 걸 찾아내주길 바라는 기업 관계자들이 많다.

돈과 시간과 인력을 들였으니 내가 몰랐던 획기적인 이야기를 '짜잔!' 하고 들고 와주길 바라는 마음도 이해가 간다. 그러나 늘 그런 것은 아니지만, 데이터로 처음 분석을 시작할 땐 그야말로 상식적인 이야기를 듣게 될 것이다. 지금까지는 감으로, 가정으로 알던 내용을 처음으로 데이터로 증명하는 시간이기 때문이다. 보통 그때의 증명은 상식에 대한 증명이 될 가능성이 높다.

어떤 대상을 데이터로 증명한다는 것은, 때로는 무에서 유를 창조하는 것과 비슷한 단계를 거치게 된다. 기존에 없던 방식으로 수많은 데이터 수집의 단계와 분석을 거쳐 인간의 언어로 탈바꿈하는 순간, 누구나 아는 아주 흔한 문장이 될 수도 있다.

그 상식적인 이야기를 데이터로 증명했다는 것만으로도 의미가 있다. 언제까지 감으로만 이야기할 것인가? 아니, 오히려 사람의 감이 '숫자로도 증명되었다'라고 자신감을 주는 더 좋은 일이 된다.

그럼에도 '다 알던 것을 뭐하러 데이터로 증명했지?'라는 반응을 자주 직면하게 된다. 특히 거의 모든 '첫 프로젝트'에서 그렇다.

첫 술에 배부르기가 참 어렵다. 처음이기 때문에 데이터 자체의 정합성이나 로직을 따지는 데에만 온 에너지를 쏟는 경우도 많다. 이 데이터를 어떻게 '만들어내야 할지'에도 수많은 노력과 시간이 들고, 더 나아가 2차, 3차 분석에 시간이 충분하지 않을 수도 있다.

'내가 알고 있는 뻔한 이야기'를 가지고 왔다고 말하는 윗분들은, 사실은 한 번도 데이터 결과물을 보지 못했을 확률이 높다. 데이터로 결과물을 본 적이 있는 사람은 오히려 데이터팀에게 더 좋은 조언을 해주었을 것이다.

"내가 예전에 이렇게 데이터 분석한 결과물을 보았을 때, 여기까진 이렇게 검증이 되었거든. 그래서 다음 단계로 이런 것들이 궁금해졌어. 이 부분도 확인이 가능할까?"

이처럼 데이터 전문가가 아니어도 충분히 해줄 수 있는 조언이 많다. 오히려 현업에 있기 때문에 해줄 수 있는 말들이 있다.

현업의 경험은 소중한 분석 아이디어가 된다. 데이터 분석 결과는 현업에서 일하는 이들의 의사 결정에 도움을 준다. 현업의 감과 데이터는 대척점에 있는 것이 아니라 상생 관계가 되어야 한다.

데이터 분석은 단계적으로 점점 나아간다

데이터의 분석 결과가 완벽하지 않더라도 1차 결과물을 중간에 공유하는 것이 필요하다. 가끔은 완전히 숙성되지 않은 결과물을 보여줌으로써 '데이터 분석의 신뢰성을 잃는다'고 느낄 수도 있다.

데이터를 분석하는 사람도, 그 결과물을 보는 사람도 이런 편견에서 빨리 벗어나는 편이 좋다. 경험상, 실무에 있는 사람에게 1차 분석 결과를 보여주면 항상 더 좋은 질문이 나왔다.

"어, 지금 그 내용을 보니까 이 부분이 더 궁금해지는데요."

"이렇게도 볼 수 있군요! 혹시 저렇게도 볼 수 있나요?"

그 부분을 추가로 분석하다보면, 최종적으로 결과물을 받아들여야 할 사람들에게 보고할 때에는 더 완성도 높은 자료를 만들 수 있게 된다.

내 생각을 뛰어넘는 대단한 것을 가지고 와줄 거라고 기대하는 것 자체는 좋은 태도다. 그러나 내가 알던 것을 가지고 왔다면 '그걸로 내가 알던 것이 확인되었다. 이 부분을 더 알 수는 없느냐'라고 질문하면 된다.

알던 것을 한 번이라도 수치로 본 적이 있는가?

알던 것을 숫자로 보는 것은 그냥 아는 것과 아주 다르다. 예로 어떤 음식점에서 테이크아웃의 비율이 매장에서 먹는 것보다 더 높았다는 데이터 분석 결과를 들었다고 하자.

"요즘 테이크아웃이 많은 거 누가 몰라? 딱 보면 알 수 있는 뻔한 이야기를 확인하자고 빅데이터 분석을 했다는 거야?"

그렇게 말하는 사람은 실제 테이크아웃 비율을 알지 못한다.

6:4인지, 7:3인지 알지 못한다. 1년 전에는 몇이었고, 10년 전에는 어땠는지 알지 못한다. 지금 얼마나 비율이 변화하고 있고, 앞으로 매장 의자를 얼마나 갖추어야 하는지, 테이크아웃용 용기가 얼마나 필요한지도 알지 못할 것이다.

테이크아웃 비율이라는 숫자 하나를 가지고 더 나아간 질문을 해야 한다. 그 수의 변화를 알 수 있게 된 것인지, 혹은 매장별로 차이는 없는 것인지 등 더욱 생산적인 질문을 더 많이 할 수 있다.

다른 예로, 겨울엔 빵이 많이 팔린다는 여러 논문 결과가 있다.

테이크아웃의 비율은 현재 그 자체가 중요하다기보다는, 과거보다 얼마나 많이, 어떤 지역이 다른 지역보다 더 많이 테이크아웃을 하는지가 더 중요하다. 따라서 데이터를 아는 것보다 데이터를 지속적으로 쌓는 것이 더 중요한 경우도 있다.

"빵이 많이 나가는 거 누가 모릅니까?"

베이커리에서 일하는 많은 직원이 직감적으로 알고 있었을 것이다. 그런데 가을보다 겨울에 몇 퍼센트 더 팔린다고 자신 있게 말할 수 있는 사람이 몇이나 있을까?

"뭐, 한 30퍼센트 더 팔리는 것 같은데요."

대충은 말할 수 있을 것이다. 그런데 어떤 빵이, 어느 시간대에 더 팔리는지도 정확히 말할 수 있는가?

데이터로 말한다는 것은 이런 것이다. 상식적인 하나의 명제를 도출한다. 그것을 사람의 언어로 논의할 수 있다. 그 명제에 대해 아주 구체적으로 답변할 수 있다는 것, 데이터로 증명을 한 것과 아닌 것의 차이다. 가을보다, 전년보다, 지금 이 시즌에 어떤 빵이 얼마나 더 팔리는지, 아침에 많이 팔리는지, 저녁에 많이 팔리는지, 주말에 많이 팔리는지 숫자를 가지고 있는 조직과 가지지 못한 조직은 다르다.

"원래 내가 알던 내용인데요? 데이터를 왜 분석하는 건가요?"

첫 프로젝트에서 이런 질문이 흔히 나온다고 했는데, 아쉽게도 첫 프로젝트에서는 과거 데이터를 보유하지 못한 경우가 많다. 시계열적 변화나 매장 간 차이를 보여주지 못하기 때문에 이런 발언에 제대로 대응하지 못할 수도 있다.

그러나 긴 안목을 가진 사람은 이럴 때 다르게 질문한다. 앞으로 더 많은 매장과 더 오랫동안 축적될 데이터의 미래 가치를 본다. 지금부터라도 데이터를 쌓아 향후 활용할 수 있게 될 가능성을 본다.

의사 결정자의 안목이 데이터의 방향을 만든다

빅데이터를 도입할 때는 분석 인력보다 의사 결정자의 안목과 파워가 더 중요하다. 기업의 의사 결정에 필요한 데이터가 충분히 없다면 데이터를 쌓아가는 것부터 시작할 결단을 내릴 줄 알아야 한다. 단기적인 성과를 내는 것도 중요하지만, 특정 데이터를 지금부터라도 쌓아야 그나마 1~2년 후에는 기대 수준에 맞는 것들이 나올 수 있음을 직관적으로 알아차리는 의사 결정자들이 있다.

조직 특성상 결국엔 임원들이 의사 결정을 내리게 되는 일이 많은데, 임원이 데이터에 대한 이해가 낮다면 점점 실무자들이 데이터에 소홀해질 수밖에 없다. 데이터 프로젝트들이 무산될 수도 있고, 성과 없는 프로젝트들이 반복될 수도 있다. 반대로 치밀한 데이터를 요구하는 임원에게는 의사 결정 시 데이터 분석

자료가 필수다.

가끔 '이런 프로젝트를 왜 하는 걸까' 싶을 만큼 무의미한 시간과 돈을 들이는 프로젝트가 있다. 가치관 차이 때문이라고도 할 수 있지만 실제적으로 데이터 분석에 도움이 되지 않는 경우도 있다. 데이터 분석가의 입장에서 보았을 때 데이터 자체에 어떠한 변화도 생기지 않는데 데이터에 대한 컨설팅을 받는 일도 있다. 또 결국 사람이 일일이 손으로 해야 하는 일인데도 '머신러닝'이라는 이름으로 포장한 프로젝트를 시작하려는 경우도 있다.

프로젝트를 시작할 때 프로젝트의 성과가 본질적인 것인지, 단기적인 것인지, 장기적인 것인지 가늠해야 한다. 물론 기술이나 데이터를 전공하지 않은 의사 결정자가 많고 그 세부 내용을 일일이 알 수 없겠지만, 결국 데이터 분석의 결과는 의사 결정을 내리는 사람들의 책임인 것이다. 프로젝트의 가치를 규정하는 것, 혹은 그 프로젝트를 잘 수행할 사람을 발견하는 것도 다 조직의 의사 결정자들이 내리기 때문이다.

실무자의 사기를 높이는 것도, 떨어뜨리는 것도 상급자다. 사수일 수도 있고, 팀장일 수도 있고, 그 이상의 직책을 가진 사람일 수도 있다. 이들이 열심히 실행한 노력들에 대해 이해하지 못하거나, 프로젝트 단계를 넘어서는 결과를 원한다면 실무자들이 지칠 수 있다.

"고작 이런 수준의 것밖에 없습니까?"

"지금 몇 달 동안 이것밖에 못한 것입니까?"

실제로 성과가 부족한 프로젝트들도 있겠지만, 신기술을 처음 도입해 처음 시작하는 경우라면 중장기적인 안목도 필요할 것이다.

첫 술에 획기적인 것을 기대하기보다는 하나의 성과라도 제대로 들고 올 수 있는지 눈여겨보는 안목이 필요하다. 지금까지 조직에서 제대로 숫자를 본 적이 없다면, 상식으로 알던 것도 데이터화하기는 어려운 일이 될 것이다.

프로젝트의 화룡점정은 임원의 이해와 그 다음 지시사항이다. 같은 내용이더라도 방향성을 잘 잡아주는 경우와 아닌 경우, 프로젝트의 가치는 천차만별이 된다. 임원이 '디렉터'로서의 역할을 잘 해낸다면 그 회사의 데이터 분석 수준은 크게 높아지고 분석한 데이터는 현장에서 잘 활용될 것이다.

6.

내가 이해하는 만큼만
인정하려 하는가

내 상식이랑 다른데 뭔가 잘못된 거 아닌가?

"내 상식이랑 다른데 뭔가 잘못된 거 아닌가?" 이 말은 데이터
를 분석하는 사람들이라면 "내가 생각하지 못한 것을 가지고 왔
으면" 하는 말만큼 많이 듣는 질문일 것이다.

상식적이지 않은 숫자가 결과로 나왔을 때 실제로 데이터 오
류를 발견하는 일도 많다. 데이터를 분석하는 과정에서 흔하게
일어나는 일이다. 그러나 데이터 검증을 마치고 난 뒤 최종적으
로 나온 인사이트에 대해서 "내 생각과 다르다"라고 말하는 경우
도 많다.

아이러니하게도 "내가 생각하지 못한 것을 가지고 왔으면" 하는 말과 "내 상식이랑 다른데 잘못된 것 아니냐"라는 말을 같은 사람이 하는 경우가 많다. 그 사람은 자신이 '듣고 싶은 이야기'가 이미 정해져 있기 때문이다.

그런 사람은 자신이 정해놓은 결론이 이미 있다. 숫자든 의견이든 관계없이 자신의 생각이 확고한 경우에 이러한 표현을 자주 쓴다. 사실 데이터에 대해 고민하지 않았을 때 말하기 쉬운 피드백이기도 하다. 내 머릿속의 문장과 이 데이터가 맞다, 그렇지 않다는 상황에서 이렇게 말하게 된다.

내 생각과 맞을 땐 "너무 뻔한 거 아니야? 이거 보기 전에도 난 알고 있었는데?"라고 하며, 내 생각과 다를 땐 "데이터가 상식적이지 않은데?"라고 말한다.

이렇게 두 문장만 말하면 의견과 아이디어가 있는 것처럼 보인다고 착각하는 사람이 많다.

물론 목적 없이 데이터가 나열되기만 한 뻔한 내용이거나, 오류를 가진 비상식적인 숫자일 확률도 있다. 그러나 건전한 아이디어의 교환이 아닌 단순한 피드백은 데이터의 수준을 높이는 데 도움이 되지 않는다.

데이터가 필요하지 않다고 말하는 이의 감정

데이터를 통해 의사 결정을 도와주거나 번거로운 일을 줄여주려고 노력하는 프로젝트들이 있다. 현업에서 굉장히 번거롭게 작업을 한다는 생각이 들 때, 지금의 프로세스에 대해 묻고 개선 방향에 대해 의견을 들어볼 수 있다. 가끔 처음엔 호의적으로 도와주던 사람들이 나중에 이렇게 말할 때가 있다.

"있으면 좋을 것 같긴 한데 글쎄요, 제가 하는 일은 계속 해야 할 것 같아요."

"그 데이터라는 게 맞는 걸까요? 사람이 보는 게 더 정확하지 않나요?"

물론 맞는 이야기다. 사람만이 종합적으로 느끼고 판단할 수 있는 영역이 있다. 머신러닝이라 해도 지금은 사람의 노하우를 따라잡을 수 없다.

데이터는 우리를 돕기 위해 있는 것이지 우리에게 틀렸다고 하는 존재가 아니다. 결국 그 데이터를 보고 판단하고 의사 결정을 하는 것은 사람이다. 먼 미래에 어떤 의사 결정도 필요 없이 자동화되는 시대가 온다 하더라도, 그 알고리즘을 짜고 선택하는 것도 인간이다.

데이터가 맞았다고 해서 사람의 눈이 틀린 것이 아니고, 데이터가 틀렸다고 말해도 사람의 의견이 맞는 것은 아니다. 우리를 돕기 위해 준비된 데이터를 충분히 활용하는 것이 기계보다 더 가치 있는 인간만의 일이라고 생각한다.

데이터는 철저히 설정한 목표 아래서만 가치를 가진다. 데이터 자체에 적개심을 가질 필요도, 필요성을 부정할 필요도 없다.

기계와 데이터가 우리가 하던 일을 대체한다면, 우리는 더 창의적인 의사 결정에 집중하면 된다. 반복적이고 귀찮은 일은 기계에게 맡겨버리고 생각과 기획에 더 많은 시간을 들이면 된다. 데이터에서 어떤 이야기를 끌어낼 수 있는지에 더 집중한다면 기계가 내 자리를 위협한다는 걱정은 조금 내려놓을 수 있을 것이다.

7.

목적을
명확하게 세웠는가

그저 그런 목적은 없느니만 못하다

목적에 대해서는 자주 언급했다. 데이터를 제대로 분석하기
위해서는 큰 목적뿐만 아니라 프로젝트의 주제를 점점 구체화하
는 과정이 필요하다.

모래알 같은 낱개의 데이터가 모여 구슬이 되고 그 구슬들이
모여 목걸이가 되어야 하는지, 팔찌가 되어야 하는지도 정해야
한다. 그 목걸이가 두 줄짜리 목걸이가 되어야 하는지, 어떤 스타
일이어야 하는지도 구체화되어야 한다.

그런데 이 구체화 수준이 제각각이다. 조직의 수장, 팀장, 실무

자, 협력사, 소비자 모두 동상이몽을 꾸곤 한다.

"많이 팔릴 것을 만드는 것이 이번 프로젝트의 목적이다"라든가 "사람들이 많이 수집할 만한 제품을 만들어 와" 같은 문장은 실무자에게 전혀 도움이 되지 않는다.

"소비자가 원하는 걸 알아 와" 같은 것도 큰 목적은 될 수 있겠으나, 프로젝트 단위에서는 "사람은 착하게 살아야 해"와 같은 모호한 문장이다.

"뭔지 몰라도 데이터로 가져와 봐" 같은 말도 본인은 아는 게 없다는 자기 고백이 될 뿐이다.

"데이터로 쇼킹한 걸 가져올 줄 알았는데 평이하다"라는 말을 입 밖으로 내기 전에, '쇼킹한 것'을 말할 수 없는 자신에 대해서 고민해보아야 한다.

원하는 게 있으면 직책 간, 조직 간, 부서 간 정확하게 이야기해야 한다. 아무 생각도 하지 않고 있다가 "뭔지 모르지만 마음에 안 든다"라고 말하는 것은 아무 노력이나 참여를 하지 않는 무임승차자가 하는 행동이 되기 쉽다.

프로젝트 시작 시점 전후, 주제를 선정하기 위해 관련 주제에 대해 구할 수 있는 책과 자료를 대략적으로라도 훑어보는 것을 권한다. 주제를 선정한 뒤 연구 문제를 만들고, 검증할 명제를 만

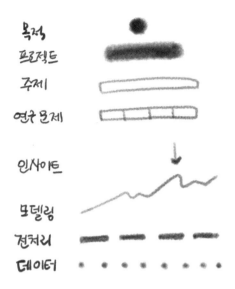

프로젝트가 흘러가는 과정:
목적 – 프로젝트 – 주제 – 연구 문제 – 인사이트 – 모델링 – 전처리 – 데이터

드는 작은 분석 목표가 생길 것이다. 낱개의 데이터를 모아 분석하고, 분석을 통해 명제와 주제를 검증해갈 수 있게 된다.

자신의 생각이 처음엔 완벽하지 않더라도 의논을 하거나 연구를 해서 구체화하려는 노력을 해야 한다. 결과를 상상하지 않는 사람과는 구체적인 과정에 대한 논의도 불가능하다.

목적 없는 머신러닝은 러닝머신보다 못하다

"목적 없는 머신러닝은 러닝머신보다 못하다." 공대 출신의 지인이 말한 문장이다. 굳이 개그 코드로 받아들이지 않더라도 의미는 충분히 공감할 만했다.

머신러닝, 인공지능 등 여러 단어가 유행을 하면서 사용 여부에 대해 물어보는 사람이 많아졌다. 특히 강의를 가면 종종 질문을 받는다.

"머신러닝을 쓰나요?"

대답은 "네"이기도 하고 "아니오"이기도 하다. 프로젝트마다 다르다. 그냥 '머신러닝 쓰는 프로젝트=좋은 프로젝트'인 것은 아니다. 프로젝트의 목적에 따라 어떤 모델을 써야 할지 때마다 정해야 한다.

새로운 기술이 생기고 공부하다 보면 '아, 이건 이런 프로젝트에서 사용해볼 수 있겠다' 싶을 때도 있다. 새로운 것을 알게 되었다는 기쁨도 있다. 그러나 새로운 것이 늘 더 좋은 것이라든가 늘 필요한 것은 아니다. 프로젝트에 따라 얼마나 적합한 모델을 사용하는지가 더 중요하다.

가끔 "무슨 모델은 써보셨어요?" 하는 식으로 질문하는 사람들이 있는데, 그건 써야 되면 쓰는 거고 아니면 굳이 쓸 이유가 없다. 그 모델을 적용해볼 만한 프로젝트가 있었다면 써보는 것이고, 아니면 그냥 테스트만 해볼 뿐이다.

학회에서는 이런 이야기가 의미 있다. 이 모델과 저 모델의 차이와 지식의 정교함을 토론으로 증명하는 것이다. 해당 프로젝트에 더 나은 모델과 방법론을 사용하기 위해 의미 있는 일이다.

그러나 공개된 자리에서 어떤 모델을 써봤는지 질문하는 것이 정말 똑똑해 보이는 일인지는 생각해볼 필요가 있다. 프로젝트의 의미나 목적보다 모델 그 자체에 가치를 두는 사람이라고 보일 수 있다. 팀에서는 이런저런 역할도 필요하기 때문에 다 필요한 과정이다.

다시 한 번, "머신러닝을 쓰느냐 안 쓰느냐" 하는 질문은 의미도 맞지 않을뿐더러 우선순위도 아니다. 데이터의 목적이 무엇인지 먼저 규정한 뒤, 어떤 방법을 사용하는 것이 가장 좋은지 논의해야 한다.

8.

매출 데이터만
중요할까

매출 말고 다른 데이터가 필요한가?

어느 회사라도 매출 데이터는 가지고 있다. 매장의 POS 데이터가 있을 테니 매출과 구매 건수 데이터는 대부분 기업이 가지고 있다.

그래서 1부에서 언급했던 기업의 목적(돈을 버는 것)에만 충실한 경우가 많다. 매출이 떨어졌는가, 올랐는가. 매출이 오르면 모두 평화롭고(아니, 그럼에도 늘 더욱 원하겠지만), 매출이 떨어지면 불호령이 떨어질 것이다.

그냥 무조건 돈을 많이 벌어오라고 말하는 것은 말 그대로 "착하게 살지 않고 뭐하고 있어!"와 같이 방향성 없고 무의미한 이야기다. 개선책을 전혀 주지 못한다는 점에서도 의미가 없다. 보통 아이디어가 없는 사람들이 반복해서 이 문장을 말한다. 성과는 내고 싶고, 아이디어는 없고, 할 수 있는 건 직원들이나 협력 업체에 "왜 이렇게 매출이 떨어졌어?"라고 호통치는 것밖에 없다.

매출 하락뿐 아니라 상승의 이유를 분명히 알고 있어야 한다. 왜 올랐는지 알아야 다음에 다시 그 방법을 쓸 수 있고 또 매출이 떨어질 때를 대비할 수 있다. 왜 떨어졌는지 알아야 개선점을 찾을 수 있다.

다시 말하자면 소비자가 왜 우리 제품을 사는지 알아야 한다. 우리 제품을 왜 갑자기 많이 사는지, 또는 왜 소비자의 마음이 우리 제품에서 돌아섰는지 알아야 한다.

그러려면 소비자의 행동 단위를 파악하고 있어야 한다. 매출은 소비자의 '마지막 결정의 결과'일 뿐이다. 소비자가 구매하기 전과 후가 어떤 상태인지 많이 알수록 구매 행동 결정의 이유를 정확히 알 수 있다.

매출지표의 한계를 빨리 인정하라

어떤 기업이 같은 지역 내 매출 규모가 비슷한 매장을 세 군데 가지고 있다고 가정하자. 같은 지역이고 세 개 매장의 매출이 비슷하니, 관리 포인트를 비슷하게 가져가기로 했다. 그런데 세 매장 중 한 매장의 매출이 자꾸만 떨어지는 상황이다. 도대체 왜 그럴까?

같은 지역이라 유동인구는 비슷할 것이다. 그 골목으로 유독 사람들이 적게 오는 상황일 수도 있고, 횡단보도의 방향, 새 건물의 공사, 인기가 있던 주변 가게의 폐점 등 원인은 다양할 수 있다.

길 건너에도 가게가 있다. 빨간불이고, 기다려야 한다.
그냥 이쪽 블록에 있는 가게를 가고 싶어진다.

매장이 위치한 골목의 문제가 아니라면 매장 안으로 들어오는 사람이 적어졌기 때문일 수도 있다. 건물 외벽의 간판이 눈에 띄지 않는다든가, 입구에 붙인 홍보물과 그 골목에 다니는 사람들의 타깃이 맞지 않는다든가, 옆집에서 비슷하지만 더 저렴한 제품을 판매한다든가, 이유는 다양하다.

매장에 들어오는 사람의 규모가 줄어들지 않았다면 매장에서 제품을 둘러보기만 하고 나가는 사람이 많아진 것일 수도 있다. 구매는 하지 않고 그냥 제품을 슥 보고 나가거나, 제품 테스트까지 해봤는데도 구매 결정을 하지 않는 경우도 있다. 아니면 제품의 진열이 효율적이지 않아서 원하는 제품을 찾지 못할 수도 있을 것이다.

각기 다른 소비자의 마음을 알아차리긴 어렵다. 그러나 되도록 왜 소비자가 이런 행동을 하는지 파악하려는 노력은 필요하다.

이 매장에 무슨 문제가 생긴 걸까? 자신이 잘 아는 하나의 원인으로 자꾸 귀결시키려고 하지 말자. 운이 좋게 그 원인이 맞을 수도 있지만, 전혀 아닌 경우도 있다. 소비자의 행동에 영향을 미칠 수 있는 요소를 다각도로 살펴보고 그 행동 중 어디에서 문제가 나타나는지 찾아보면 답이 나올 수도 있다.

소비자의 문제 행동이 나타나는 원인은 매장 곳곳에 숨어 있다. 제품이 문제인지, 매장 진열이나 디자인이 문제인지, 마케팅 전략이 문제인지, 매장 점원들의 판매 방식의 문제인지 잘게 쪼개볼 줄 알아야 한다. 소비자는 결국 이 모든 것을 뭉뚱그린 '브랜드'로 인식하기 때문이다.

"요즘 거기, 별로야"라고 말하는 소비자는 정확한 원인을 설명하지 못할 수도 있다. 결국 어떤 하나의 문제가 그 브랜드의 문제로 인식되고, 더 나아가 행동으로 표현된다. 매장에서 제품이나 서비스를 구매하지 않는다거나, 아예 브랜드 자체를 거부하는 행동을 보일 수 있다.

이럴 때 소비자의 행동을 짚어내는 것이 단서가 된다. 더는 매장 가까이 오지 않는가? 들어왔다가 그냥 나가는가? 제품에 대해 잘 모르는 것인가? 사고 나서 적극적으로 반품까지 하는가?

매출과 연관된 소비자의 모든 행동을 잘게 쪼개어 기업이 스스로 인지하고 균형 있게 관심을 가지는 것이 필요하다.

9.

많기만 하면
빅데이터일까

많은 데이터가 빅데이터다?

대기업과 연구소에서 주로 일하다 보면 이런 사람을 많이 만난다.

"모수가 1,000명은 되어야……."

"몇 명 대상으로 했나요? 전수 포함인가요?"

꼭 많은 사람을 대상으로 모은 데이터가 좋은 데이터는 아니다. 오히려 수가 많으면 많을수록 그룹의 특성이 사라질 수 있다. 수만 명을 대상으로 하든, 수십만 명을 대상으로 하든 큰 차이가 없는 경우가 많다.

"전 국민을 대상으로 조사한 것도 아닌데 믿을 수 없는 결과 아닌가?"

통계 처리된 숫자나 설문 조사 결과를 발표하는 기사에서 심심치 않게 볼 수 있는 댓글이다.

일단 전 국민을 대상으로 한 전수 조사라는 것은 원천적으로 불가능할 것이다. 만약 전수 조사가 가능하다면 지명수배자가 어떻게 존재하겠는가.

1,000명이라는 기준은 어디서 왔는가? 1만 명이라는 기준은? 10의 배수인 이유는 무엇인가? 그냥 자신이 좋아하는 숫자일 뿐이다. 자신이 믿고 싶어 하는 숫자일 거라 생각한다.

건강 검진을 할 때 혈액검사로 다수의 건강 지표를 확인한다.

건강 검진을 할 때 내 몸 전체의 피를 검사할 필요는 없다. 데이터 샘플링은 그런 것이다. 그러나 특정 장기에 문제가 있다는 사실이 발견되면 꼭 그 장기를 검사해야 한다.

그때 모든 혈액을 다 뽑아서 검사하는가? 아니다. 내 팔뚝에서 뽑은 피니까, 내 다리에서 뽑은 피는 다를 수도 있다고 의심하는가?

샘플링이란 그런 것이다. 내 몸의 피를 다 뽑아서 검사할 필요가 없듯이, 전수가 아닌 샘플을 통해 데이터를 확인하는 것이다. 물론 어느 경우에도 전체 의견을 대변하지 못하고 틀릴 수 있다. 샘플링이 잘못될 수 있고, 시간이나 기타 요인으로 결과가 달라질 수도 있다. 그렇지만 단순히 "전체가 아닌 적은 수를 대상으로 했기 때문에 믿을 수 없다"라고 말하는 것은 그냥 오해다.

'빅데이터'라고 부르는 이유는 데이터가 크기 때문만은 아니다. 단순한 문항 하나를 많은 사람을 대상으로 질문했다고 해서 빅데이터로 변신하는 것은 아니다. 그것은 그냥 많은 사람을 대상으로 한 설문 조사를 단순 집계한 결과일 뿐이다. 그 조사 결과를 다른 데이터와 연결하고, 분석해서, 데이터의 목적인 소비자 이해에 도달했을 때 비로소 수많은 데이터를 모은 의미가 더욱 빛나게 되는 것이다.

10.

시간 투자 없이
결과만 원하는가

시간 많이 들이지 말고 핵심만 분석해라?

데이터를 분석하는 데 시간을 얼마나 들여야 할까? 가끔은 생각지도 않게 빨리 원하는 결과를 얻을 때도 있고, 어떨 땐 생각보다 원하는 결과가 나오지 않아 시간을 충분히 들여야 할 때도 있다.

시간이 많으면 확실히 보고서의 질을 높일 수 있다. 1차 분석 후 더 깊은 분석을 할 수 있고, 분석 결과를 사람들에게 어떻게 잘 전달할지 고심할 시간이 있으니 더 좋은 보고서를 만들 수 있는 건 확실하다.

그런데 또 너무 긴 시간이 주어지면 시의성을 잃을 수 있다. 기초 학문이 아니라 기업의 실제 데이터를 분석하는 경우라면 고객이나 시장의 트렌드가 금방 바뀔 수도 있다. 빠르게 시장에 나아가기 위한 경우라면 더 속도를 내어 분석을 진행해야 한다.

그러나 "핵심만 잡아내면 돼, 시간 들이지 마"라는 말대로 실행하는 건 어려운 일이다. 분석이라는 것 자체가 하나의 현상에 대해 이리저리 살펴보는 행동이다. 수박 겉 핥기 식으로 빠르게 살펴봤자, 기초가 탄탄하지 않게 된다. 그냥 소설을 쓰는 것과 별반 다르지 않다.

요즘엔 분석가가 직접 팀원으로 일하는 경우가 많아졌다. 그러다보니 팀 안에 분석을 할 줄 아는 사람이 한 명뿐이거나, 데이터나 분석을 전혀 모르는 상사를 모시는 경우가 있다. 그런 사람들이 공통적으로 겪는 어려움이 바로 '충분한 시간을 주지 않고 결과를 달라고 하는 것'이다. 분석에 시간이 얼마나 드는지 전혀 모르기 때문에 그냥 '클릭'하면 데이터가 분석되는 것으로 생각하는 사람이 의외로 많다.

어떤 분석가가 분석팀이 아닌 일반팀에 들어갔다고 가정하자. 모든 팀원과 팀장이 수에 밝은 편이 아니었기 때문에 그 사람은 크게 환영받고 중요한 업무를 하게 될 가능성이 있다. 그러나 곧 커뮤니케이션의 문제가 생길 수 있고, 팀장에게 "너무 시간을 많이 들이지 말고, 액션 플랜 중심으로 분석하라"는 지시를 받을 수도 있다.

사실상 불가능한 일이다. 액션 플랜이라는 것 자체가 고객의 행태를 충분히 파악한 다음에 수립 가능하기 때문이다. 분석 시간이 충분하지 않은 상태에서 일단 시작하겠다고 말하는 건, 그냥 감으로 하는 것과 다르지 않다. 데이터에 대한 이해가 높지 않은 팀에서 홀로 일할 때 분석가는 상당히 어려운 상황에 놓일 수 있다.

이를 '탈집중화 모델'이라고 한다. 토머스 데이븐포트의 《분석의 기술Analytics at work》에 따르면, 분석가 집단이 통합 구조 없이 사업 단위로만 일을 하게 되면 분석력의 미성숙을 반영하게 된다.

분석에는 기본적인 숙성의 시간이 필요하다. 논리적으로 이 분석 결과와 저 분석 결과 간의 상충이 없는지, 더 깊이 쪼개보면 다른 결과가 나오지는 않는지 확인하는 과정이 필요하다. 그냥 빠르게 숫자를 확인하고 싶다면 반복적으로 수치를 확인할 수 있는 대시보드를 만들어놓으면 된다. 반복되는 숫자가 필요하다면 고급 기술을 가진 분석가가 필요하지 않다.

분석하는 데 마냥 많은 시간을 들여야 한다는 것은 아니다. 시간 자체가 좋은 분석을 보장하는 것은 아니다. 두꺼운 보고서가 좋은 분석의 증거도 아니다. 그러나 분석에 대한 이해 없이 빠른 결과만을 종용하는 것은 분석가가 아닌 숫자를 만드는 기계를 대하는 자세다.

바로 이때 팀원 간 신뢰와 정직이 필요하다. 이 정도의 기간이 필요하다고 하는 실무자의 역량과 그 사람의 진실성을 믿어야 한다. 그 기간 동안 프로젝트를 수행할 수 있을지, 수많은 변수와 가능성에 대해 토론할 수 있어야 한다.

프로젝트 초기, 이러한 큰 그림과 방향성을 나누지 않으면 일방적으로 "시간 많이 들이지 말고 결과물 가져 와"라는 지시에 숙성되지 않은 결과물만 나오게 될 것이다. 꼭 데이터 전문가가 아니더라도 프로젝트 과정에서 생길 수 있는 일과 소요 시간에 대해서 대략적으로라도 파악하는 것이 중요하다.

3부

데이터를
어떻게
활용할 것인가

1.

프로젝트를 시작할 때
해야 할 질문들

지금 하는 프로젝트는 누가 원하는 것인가

강의를 다닐 때 자주 받는 질문이 있는데, 그에 답하는 방식은 약간의 현실을 반영한다.

Q. "분석 아이디어를 어디서 얻으시나요? 데이터를 보면 분석할 주제가 생각나나요?"

A. "네, 제가 데이터를 보다가 생각이 날 때도 있지만, 대부분은 윗분들이 원하시는 것을 분석합니다."

이렇게 대답하면 학생들은 약간 실망하는 기색을 보인다. 굉장히 주도적이고 창의적으로 분석 과정이 시작될 거라고 기대하는 사람이 많다. 그러나 조직, 특히 기업에서는 이미 정해져서 내려오는 톱다운top-down 방식으로 분석 주제를 받는 경우가 많다. 구체적으로 분석하는 방법이나 명제에 대한 아이디어를 얻는 것은 아니다. 그러나 분석의 주제와 키워드는 확실히 톱다운 방식으로 자주 결정된다.

보통 기업에는 의사 결정자들이 궁금해하는 것이 중요하다. 연구원이나 데이터 분석가는 그 궁금증을 빨리 해소해주는 역할을 하기도 한다. 한 연구소에서는 연구원들이 스스로 "우리는 임원들의 네이버"라는 표현까지 쓰곤 한다. 연구소가 싱크탱크think tank라곤 하지만 이런 역할은 매우 중요한 비중을 차지한다.

조직의 의사 결정자들이 관심을 가지고 있다는 사실은 매우 중요하다. 비용과 인력의 집행 권한을 가지고 있는 사람이 관심 있어 하는 프로젝트라는 의미다. 임원이 구체적인 분석 방법을 모른다고 하더라도 그들의 입에서 나오는 키워드를 반영한 분석이 관심을 끌 확률이 높다.

기업에서 의사 결정자들이 관심을 갖는 프로젝트는 시장에 나오게 될 확률이 높다. 어떤 형태로든 그런 프로젝트에 관여한 데이터 분석이 기획 단계에서 역할을 한 뒤에 시장에 제품이나 서비스의 형태로 나오게 되었을 때 분석가들은 보람을 느낄 수 있다. 그래서 임원이 관심을 갖는 프로젝트를 한다고 부정적으로 생각하지 않아도 된다.

임원들이 원하는 키워드를 잘 알아채면 된다. 그 뒤 분석의 방향이나 방법, 배열 방식은 분석가가 스스로 결정한다. 사실 대부분의 경우 처음 보는 데이터가 많기 때문에 주변 사람들에게 조언을 구하기도 어렵다. 조직과 의사 결정자가 바라보는 방향, 키워드를 가지고 내가 스스로 '데이터의 목적'을 설정해야 한다.

가끔은 실무자가 스스로 데이터를 가지고 혼자 분석을 해서 윗선에게 가지고 가는 경우도 있다. 보통 그런 경우 시간을 충분히 쓰지 못하고 짬을 내서 할 때가 많고 타 부서와 논의를 충분히 거치지 않았기 때문에, 실제 시장에 나갈 액션 플랜도 명확하지 않을 때가 있다. 그래서 프로젝트를 빠르게 매듭짓지 못하기도 한다.

실무자가 스스로 주제를 잡고 연구를 시작하는 바텀업^{bottom-up} 방식이 의미 없다고 생각하지는 않는다. 이렇게 시작되어서 좋은 결과를 가져오는 경우도 있었고, 윗사람들에게 주체적으로 일한다는 좋은 인상을 줄 수도 있다. 그러나 설득하는 과정이 오래 걸리고, 끈기가 필요하다. 스스로 시작하는 프로젝트이기 때문에 충분한 노력과 인내가 필요한 일이다.

거창하지는 않아도 분석을 통해 소비자에게 편리함을 제공할 수 있다는 생각은 동기 부여가 되기도 한다. 톱다운이든 바텀업이든 분석 결과를 통해 소비자를 조금이라도 더 이해할 수 있고, 소비자에게 조금이라도 편리한 방식으로 제품이나 서비스를 제공하기 위해 노력하는 편이다. 기업과 임원이 바라는 키워드 안에서, 시장과 소비자를 진심으로 이해하기 위해 트렌드를 짚어 내고, 자신이 해낼 수 있는 가장 창의적인 방법으로 주제를 구체화하려는 노력이 필요하다.

지루한 분석 작업을 꼭 해야 하는가

톱다운과 바텀업 분석 방식을 조금 바꾸어 말하면, 톱다운은 결과를 내야 하는 방식이 명확하다. 데이터의 목적, 혹은 알아내야 할 명제가 이미 정해져 있는 경우다. 바텀업은 어떤 결과가 나올지는 정확히 모르지만 데이터 자체의 힘으로 분석을 시작하는 경우라고 볼 수 있다.

셜록 홈즈 이야기는 많은 사람이 알고 있을 것이다. 좀 더 구체적인 장면을 연상하기 위해 영국 드라마 〈셜록Sherlock〉을 떠올려보자.

셜록은 사건이 없을 때에도 온갖 실험을 한다. 목적을 알 수는 없지만 수백 가지 종류의 담뱃재에 대한 연구를 한다든가, 기괴하지만 냉장고 속에 시신의 일부를 넣고 체액의 응고 변화를 측정하기도 한다. 그러다 보니 의미 있는 변화를 발견하게 되고, 이 결과가 수사에 도움이 된다. 이런 연구는 바텀업 방식이다. 데이터 자체의 관계와 공통점과 차이를 분석하는 과정이라고 생각해보자.

사건을 만난 셜록 홈즈는 머릿속에서 최대한 많은 정보를 끌어낸다. 신발에 묻은 흙, 옷깃에 붙은 실오라기 하나도 그에게 단서를 제공한다. 셜록의 목적은 명확하다. '진실을 알아내어 범인을 잡는 것'이다. 범인을 잡기 위한 모든 정보가 정렬된다. 범인을 규명하고자 하는 목적을 위해 빠른 시간 내에 핵심적인 사항들로만 정보를 수집한다.

데이터의 목적과 분석 방식도 이것과 비슷하다. 시간이 충분히 있을 때엔 최대한 촘촘하게 경우를 나누어 데이터를 분석해본다. 마치 셜록이 초나 분 단위로 물질의 변화를 기록하는 것처럼, 최대한 세밀한 단위로 데이터를 나누어 살펴보는 것이다. 이

평소에는 각종 책을 읽으며 연구를 하지만, 범인을 잡겠다는 목적이 생기면 모든 정보 중 핵심만을 활용하게 된다. 평소에 나뭇잎 전체에 대해 알지 못했다면, 범인의 옷깃에 붙은 나뭇잎만 보고 단서를 찾을 수는 없을 것이다. 단서는 데이터의 목적 아래 논리의 퍼즐 조각이 된다.

러한 바텀업 방식을 통해 새로운 연구를 할 수 있다. 뜨거운 음료와 차가운 음료가 더 많이 팔리게 되는 기온의 기준이라든지, 고객이 제품에 피로를 느끼게 되는 변곡점 등은 이러한 연구 환경에서 더 발견하기 쉽다.

혹은 명확하게 목적이 있어서 위 연구의 일부만을 차용해 이야기를 새롭게 구성하는 것이다. 셜록이 평소에 지역의 꽃가루를 연구해 범인이 남긴 꽃가루를 알아챈 것처럼, 평소 해놓았던 분석의 결과 중 일부를 활용하는 것이다.

범인을 잡는 일처럼 빠르게 결과를 내야 하는 중요한 순간들만 데이터가 필요하다고 생각할지 모르겠다. 그러나 평소에 실수도 많이 겪고 촘촘한 분석을 해본 사람들이 경험이 축적되어 빠르게 데이터의 핵심을 정리할 수 있다.

셜록이 천재라 해도 평소에 연구를 하던 역량이 사건 해결에 빛을 발하는 것처럼, 틈틈이 많은 분석을 해보아야 핵심을 정리할 수 있는 능력이 생긴다. 시간을 들이지 않고 핵심적인 분석을 할 수 있는 천재는 없다. 만약 그런 사람이 있다면 그냥 자신의 가설을 나열했거나 소설을 썼을 확률이 높다. 다양한 분석 경험이 있는 사람만이 핵심을 빠르게 분석해낼 수 있다.

분석해야 할 명제가 확실한가

가끔은 정말 하나의 숫자를 만들기 위해 몇 주를 작업할 때도 있다. 안타깝게도 분석하기 위한 데이터가 제대로 준비되어 있지 않은 경우엔 더욱 그렇다.

그러나 하나의 숫자를 물어본 상사의 입장에서는 답답하다. 그렇기 때문에 분석가가 얼마나 걸려서 그 분석을 해낼 수 있을지 빠르게 파악하고 미리 보고를 해야 한다.

분석할 명제가 명확해도 이러한데, 두루뭉술하게 명확하지 않은 경우엔 프로젝트가 얼마나 걸릴지 감을 잡기 어렵다. 최대한 빨리 해야 한다는 건 아는데 뭘 분석해야 할지도 모를 때가 있다.

이를테면 이런 것이다. 새롭게 론칭한 서비스가 있다. 시작한 지 정말 얼마 되지 않았고, 데이터가 얼마나 잘 쌓이고 있는지도 불명확한 상황이다.

"지금 가입자가 몇 명입니까? 하루 평균 몇 명이 가입하고 있습니까? 어떤 지역에서 많이 가입합니까? 몇 달이 지나야 10만 명이 될 것 같습니까?"

이런 질문은 굉장히 구체적인 편이다. 물론 예측 모델을 만드는 게 쉬운 일은 아니지만, 만들어야 할 숫자들이 굉장히 명확하다. 그리고 대부분 그냥 집계만 하면 되는 데이터다. 비교적 빠른 시간 내에 만들 수 있는 수다.

"지금 상태에서 가입을 확대시킬 수 있는 방안이 무엇입니까?"

이는 조금 더 나아간 질문이다. 분석을 통해 저조한 지역이나 잘되고 있는 지역을 알아내어, 잘 안 되는 곳을 지원해야 하는지 잘되고 있는 곳을 지원해야 하는지 판단할 수 있는 몇 가지 대안을 만들어야 한다.

"이번에 론칭한 서비스 성과에 대해 분석해오세요."

이런 요청을 받는 경우도 많다. 타 부서에서 진행한 경우 사전 자료 없이 이 말만 전해 이 서비스가 무엇인지, 뭘 분석해야 할지, 처음부터 분석가가 조사해야 하는 때도 있다. 스무고개하듯이 기획 단계의 일을 추정해서 맞추어야 하는 것이다. 여러 회사에서 자주 일어나는 일이다.

어떤 경우에도 분석가 스스로 길을 잃어서는 안 된다. 스스로 데이터의 목적을 만들어내야만 한다. 이 질문을 하는 진짜 의미를 파악하려고 노력해야 한다. 임원이 그 질문을 왜 하는지, 어떤 이야기를 듣고 싶어 하는지, 타 부서는 지금 어떤 상황인지 최대한 파악하고 있어야 한다. 그래야 똑같은 숫자를 보여주면서도 어떻게 설명해야 할지 알 수 있다.

논문을 읽어보면 연구 문제가 있을 때가 있고 가설이 있을 때가 있다. 연구 문제는 정말 열린 결말이고, 궁금한 점이 명확하다.

"사람들이 이 제품을 구매하지 않은 원인(들)은 무엇인가?"

가설의 경우는 '예/아니오'로 답변할 수 있다.

"사람들이 이 제품을 구매하지 않은 이유는 ○○이다."

데이터 경험이 많다면 가설을 만드는 것이 가능하지만, 그렇지 않은 경우 직감에 따른 자신의 주장일 가능성이 높다. 그리고 가설이 '아니다'로 결론이 나면 다시 처음부터 분석을 시작해야 한다.

그래서 몇 가지 구체적인 상황을 가정한 연구 문제일 때 좀 더 풍성한 답을 얻을 수 있다. 분석을 위한 몇 가지 변수를 정리해놓고, 가능한 경우의 수를 하나씩 제거하는 것이다. 자신의 가설만을 주장하는 사람들에게 다른 가능성을 보여주기 위한 방법이기도 하다.

2.
프로젝트를 하는 중에
해야 할 질문들

프로젝트 단위로 다양한 분석 주제가 생기기 때문에 '꼭 어떻게 해야 한다'고 말하는 것은 이상하다. 일반적으로 적용할 수 있는 이야기는 큰 도움이 되지 않는다. 그래서 확인해볼 만한 것들 위주로 정리를 해보았다.

이미 여러 주제에서 언급했는데 프로젝트 안에서 데이터의 육하원칙이 모두, 혹은 조금이라도 포함되었는지 확인해보아야 한다. 모든 프로젝트에서 모든 항목을 전부 다 포함할 필요는 없다. 그러나 빠르게 정리를 하다보면 지나치는 부분이 있다. 몇 분이면 된다. 전체적으로 이런 부분이 아주 조금이라도 포함되었는지 체크해보자. 놓치고 있는 부분이 보일지도 모른다.

Who → 고객 정의

- 내가 분석하고 있는 기업, 제품, 서비스의 고객은 누구인가?

  개인정보 이슈가 해결된 내부 데이터가 있으면 가장 좋다. 멤버십 데이터를 잘 활용해 앞으로의 전략 방향을 세울 수 있다. 외부 자료나 통계청 데이터라도 비교할 수 있다면, 전체 한국 평균 대비 내가 분석하는 대상과의 차이를 파악할 수 있다.

- 20대라고 다 같은 20대가 아니므로, 고객의 인구통계학적 특성에 집중하기보다는 그 고객 그룹이 갖는 행동 특성을 정의하는 데 더 집중하는 것이 좋다. 예를 들어 성별이나 나이에 집착하면 기업 입장에서 고정관념을 가지고 행동을 추정하게 된다.

  요즘은 성차나 연령차보다는 개인차가 훨씬 큰 시대다. 실제 기업의 제품이나 서비스와 맞닿은 고객 행동이 아닌 인구통계학적 특성 자체에만 집착하면, 성역할의 고정관념을 지닌 시대착오적인 의사 결정을 할 우려가 있다.

- 고객 집단화, 세분화의 함정에 빠지지 말아야 한다. 지금까지 정말 수많은 컨설팅 자료를 보았는데 실제로 미래에 활용할 수 있는 건 별로 없었다. 외부에서 컨설팅 자료를 받은 뒤 미래에 새로 가입할 고객을 대상으로 업데이트하여 적용하기가 어렵다. 컨설팅 자료는 그냥 고객을 이해하는 데 활용했으면 충분하다.

그 이해를 바탕으로 제품을 확장하거나 서비스 디테일을 개선하는 데 활용하면 된다. 그냥 "우리 고객은 이렇게 나뉩니다"라고 보고한 뒤 폴더 속 문서로 남기는 데 만족할 내용인지 아닌지 확인해보아야 한다.

When → 시계열 변화, 프로모션 시점

- 시계열 데이터는 밋밋했던 데이터에 생명을 불어넣는 역할을 한다. 어느 한 시점의 데이터는 특별할 것이 없는데, 이 데이터가 시간의 흐름을 반영하게 되면 멋진 트렌드나 이상 신호를 알려주는 역할을 한다. 이것만으로도 데이터를 끈기 있게 꾸준히 모아야 하는 의미는 충분하다.
- 고객이 언제 오고, 언제 오지 않는가? 매출이 언제 오르고, 언제 떨어지는가? 시계열 데이터는 이상 징후를 발견하는 데 가장 필요한 데이터다. 매출 총계만을 가지고 "왜 이번 달 실적이 저번 달보다 안 좋으냐!"라고 다그치는 것은 시계열 데이터를 잘 활용하는 상황이 아니다. 전달 대비 오전인지 오후인지, 특정 시간대인지, 무슨 요일의 매출인지 면밀하게 살펴보아야 한다. 매출이 오르거나 떨어지는 것은 찰나의 시간이 쌓여 만든 결과이

기 때문이다.

- 어떤 날씨에 사람들이 들고 나는가는 어떤 계절인지와도 밀접한 연관이 있다. 기본적으로 6월과 12월은 기온 차이가 있고, 여름이나 겨울 한철 잘 되는 곳, 또는 적당히 외부에서 활동하기 좋은 기온에만 잘되는 곳들도 있다. 따라서 특정 계절의 특정 시간대의 고객 행동이 중요한 기업이 있다. 자신의 브랜드가 어디에 속하는지 분명히 알고 있어야 한다.

- 몇 시에 어떤 고객이 오는지에 따라 직원 운영도 바뀔 수 있다. 극단적으로 말해 특정 시간대에 고객이 안 오면 그 시간대에는 많은 인력이 필요하지 않다. 반대로 특정 시간대에 고객이 몰리면 기존보다 더 많은 인력이 필요해진다. 더 이상 고객이 발걸음하지 않는다면 매장을 언제 열고, 닫는지를 조정할 수도 있다.

시간을 쪼개어 직원을 채용하라는 말이 아니다. 어떻게 하면 서로 덜 힘들게 운영할 수 있을지 논의할 수 있는 근거를 마련하자는 것이다.

What → 제품 카테고리(인덱스), 제품 개발 인사이트

- 고객이 무엇을 제일 좋아하는가(많이 사는가)? 그런데 그 제품

이 내가 억지로 팔려고 노력해서 많이 팔린 것인가, 그냥 자연스럽게 사람들이 좋아해서 산 것인가?

재고가 잔뜩 남아서 억지로 할인해 팔아치운 실적을 가지고 내년에 똑같은 양을 발주하는 실수를 저지르면 안 된다. 그래서 '무엇이 팔렸는지'를 볼 때엔 다른 육하원칙과 함께 보아야 한다. 인위적으로 프로모션을 진행한 것을 데이터화해야 한다. 그냥 '많이 팔린 게 장땡이지' 하고 인풋input에 대해 블랙박스 상태로 두면 아무런 시사점 없이 원인 모를 상황에 직면하게 된다.

• 이 제품은 왜 안 팔릴까? 현실을 직시해야 한다. 정말 제품이 망한 건지, 아니면 나도 모르는 어떤 부분이 병목 현상이 되어 판매를 막고 있는 것인지 살펴보아야 한다. 어떻게든 팔릴 수 있도록 여러 방면으로 살펴보되, 잘 안 된 부분이 있다면 빨리 깨달아야 한다. 그래야 다음에 같은 실수를 하지 않기 때문이다.

Where → 점포 개발, 외부 GIS 데이터, 날씨 데이터

• 우리 점포가 좋은 상권에 잘 들어가 있는 게 맞을까?

집을 볼 때도 마찬가지고, 가게를 낼 때도 마찬가지다. 하루 방문해 몇십 분 본다고 해서 그 상권을 다 이해하는 것이 아니다.

어느 요일, 어느 시간대에 갑자기 무슨 일이 생기는데 내가 모른 채 계약을 할 수도 있고, 계약하기 전엔 괜찮았는데 최근 들어 문제가 생길 수도 있다.

전국에 매장이 있다면 전국을 쪼개어 유형화할 수 있다. 단지 행정 주소만을 의미하는 것이 아니다. 몰 안에 위치한 매장인지, 길가에 있는지, 주변에 아파트가 있는지, 오피스가 있는지 등 온갖 조건이 매출에 영향을 줄 수 있다. 최대한 매장 정보는 자세하게 갖추고 있을수록 좋다. 매일 분초 단위로 변하거나 쌓이는 데이터가 아니니, 한 번만 신경 써서 잘 만들어두면 나중에 관리할 때 좋다. 중간에 변화할 수 있는 요인은 가끔만 업데이트하면 된다.

• 우리 매장의 위경도는 외부 데이터를 잇는 역할을 한다. 분석가가 자체적으로 지리 정보를 분석할 때 위경도 데이터가 얼마나 소중한지 모른다. 그냥 GIS 툴을 구입하거나 전문 업체에게 지원받을 수 있다면 편할 것이다.

가끔 꼭 원하는 분석을 할 수 없는 경우가 있는데, 이때 위경도 데이터는 외부의 지리 데이터와 우리 매장을 잇는 소중한 키값이 된다. 내 매장을 지리 데이터 속의 일부로 간주할 수 있도록 돕는 것이다.

How → 새로운 방법론 개발, 프로모션 결정

• 어떻게 했을 때 어떤 고객 반응이 일어나는가?

이러한 전략적 무기를 많이 가지고 있을수록 그 기업은 고객을 많이 이해하는 셈이다. 소위 'A/B 테스트'가 가능할수록 고객 반응 사례를 많이 보유하게 된다.

고객에게 제안할 전술의 비용은 기본적으로 알고 있어야 한다. 고객의 반응과 비용이 가장 적절하게 맞닿는 부분, 또는 제품의 콘셉트나 계절에 맞추어 전술을 다양하게 가진 기업일수록 분석에 따른 제언을 풍성하게 할 수 있다. 데이터 분석 조직과 실행 조직은 서로 친해져야 한다. 분석 결과가 시장에 직접 반영될 수 있도록, 시장 결과를 분석해 새로운 실행의 자양분으로 삼을 수 있도록 서로 협력해야 한다.

Why → 결국 이 모든 것은 '소비자 마음의 원리'를 발견하기 위한 것

• '머신'이 알려주는 대로 왜 잘 팔리는지 모르는 채 돈만 벌면 되는 걸까?

이커머스에서는 어떤 제품을 어떻게 배치하는지가 관건이지만, 제조사는 그렇지 않다. 결국 제품의 콘셉트와 디자인을 결정하는 것은 사람이다. 팔아야 할 제품 자체를 만들어야 하는 기업에서는 소비자 트렌드를 선도함과 동시에 소비자를 이해하기 위해 힘껏 애써야 한다.

• 원리를 발견하지 못하면 다음 제품도 없다. 단편적으로 한 제품에서의 성공 요인을 파악하는 것 이상이 필요하다. 이 제품과 저 제품의 공통점과 차이점을 발견해야 한다. 그래서 소비자가 공통으로 느꼈던 것, 이 제품에서는 다르게 느꼈던 것을 규명할 수 있어야 한다.

그것은 소비자 마음의 원리가 될 것이고 다음을 준비하는 자양분이 될 것이다.

현장에 답이 있다

분석을 하다보면 연구 문제를 구체화하거나, 가설을 바꾸어야 할 때도 있다. 숫자로는 결과가 나왔는데 이유를 알기 어려운 결과가 나오기도 한다. 그럴 때 함께 일하는 사람들과 이야기를 나눈다. 실제 업무를 담당하는 실무자와 인터뷰를 하기도 한다.

분석을 하는 중에 숫자에 확신을 갖기 위한 확실한 방법은 현장에 가보는 것이라고 생각한다.

지금까지 주로 오프라인에 매장을 가진 회사의 데이터를 분석하다보니, 일부러라도 매장에 자주 간다. 출근길이나 퇴근길에 가고, 주말에 약속이 있을 때에도 매장을 몇 군데 둘러본다. 개인적으로 여행을 다닐 때도 참고할 만한 매장에 많이 가보고 사진으로 기록을 남겨두곤 한다. 사람들이 무슨 제품을 사는지, 얼마나 오랫동안 그 제품을 들고 살펴보는지, 여러 명이 함께 방문한 경우 어떤 대화를 나누는지 곁눈질로 살펴보기도 한다. 상대방이 불쾌해할 만큼 자세히 들을 필요는 없다. 그저 현장을 자주 방문하고 둘러본다는 말이다.

분석 업무를 컴퓨터 앞에만 앉아서 한다고 생각하면 착각이다. 분석 아이디어와 해석의 풍성함은 현장에서 나온다. 매장 위치, 진열된 제품, 방문한 고객, 직원들이 전하는 서비스 내용, 모든 것이 매장에 있다. 이런 정보가 데이터로 입력되고, 데이터 분석가는 그 수들을 컴퓨터 안에서 만난다.

사실, 현장만큼 적나라한 공간도 없다. 실제 제품의 판매가 그곳에서 이루어지기 때문이다. 잘 팔리는지, 안 팔리는지 몇 시간만 관찰해보면 바로 알 수 있다. 감각적으로 알게 된 정보는 궁금증을 유발한다. 그 궁금증을 수치나 자료로 검증하고자 하는 것이 데이터 분석가의 일이다. 데이터 분석가는 현장에 자주 가야 한다고 생각한다.

'우문현답'. 우리의 문제는 현장에 답이 있다. 현장에서 발견한 현상과 문제점을 데이터로 확인하고, 개선점 역시 현장에서 확인해야 한다. 향후 소비자와 제품이 만나는 현장에서 변화를 만들 수 있어야 데이터 분석이 진정한 가치를 지닐 수 있다.

파편을 모아 스토리를 만들어라

데이터 분석을 하는 지인들을 보면 연구 자체를 좋아하는 성향이 있어서인지, 새로운 것을 알았다는 것만으로도 기뻐한다. 이전에 없었던 연구, 새로운 시도, 숫자 사이에서 어떤 근거를 발견했다는 것만으로도 기쁜 것이다. 하지만 이러한 감정이 전혀 공감대를 형성하지 못할 수도 있다. 이전에 뭐가 있었는지, 얼마나 까다로운 데이터 작업 과정이 있었는지 모르는 사람들은 당연하게도 발견의 기쁨에 공감할 수가 없다.

낱개의 분석을 모아 사람들에게 공감을 얻을 수 있는 스토리를 만들어야 한다. 하나의 분석을 하는 데도 굉장한 노력이 든다.

그러나 그 발견 하나만으로는 사람들에게 큰 인상을 주지 못할 수 있다는 것을 알아야 한다.

하나의 분석을 끝내면 그것들을 모아 스토리로 만들어야 한다. 사람들이 이해할 수 있도록 일목요연하게 정리하는 작업을 거치고, 논리적으로 구멍이 없는지 찾아보고, 구멍이 있다면 그 부분도 추가로 분석해야 한다. 데이터 스토리를 만드는 과정을 '데이터 리터러시data literacy'라고 부르기도 한다.

1부에서 언급했듯 하나의 분석으로 소비자라는 코끼리의 단면을 발견한 것이다. 이제 소비자를 좀 더 이해할 수 있도록 다각적인 분석을 할 때다. 보지 못한 점은 없는지, 어떤 상황이 소비자 행동에 영향을 미쳤는지, 빠진 요인은 없는지 중간중간 점검해야 한다. 데이터의 목적에 맞게 분석의 파편들을 재정리하라는 것이다. 데이터의 목적을 설명할 수 있는 스토리가 나오도록 스스로 돌아보자.

남에게 설명하는 과정도 도움이 된다. 분석가가 수치에 대해 너무나 잘 알고 있어서 보지 못하는 부분이 생길 수도 있다. 이 프로젝트에 대해 잘 알지 못하는 사람에게 스토리를 들려주고, 그 사람이 궁금해하는 지점을 채워넣는 것도 좋은 방법이다.

데이터 분석은 있을 만한 질문들을 촘촘하게 메우는 과정이다

데이터로 스토리를 만들어가는 과정이 어렵다면, 상사가 궁금할 만한 것들을 미리 상상해보는 것도 도움이 될 수 있다. 그 궁금증에 대한 답을 채워넣는 형식으로 데이터를 분석해보는 것이다.

당신의 조직에서 행사를 마쳤다고 가정해보자. 이 행사에 대한 어떤 데이터를 분석하고 준비해야 할까?

- 이 행사를 왜 시작했는가?
- 행사를 했는데 매출은 왜 올랐는가? 또는 왜 오르지 않았는가?
- 예전에 비슷한 행사를 했을 때와 비슷하게 매출이 올랐는가?
- 더 올랐는가, 덜 올랐는가?
- 만약 예전 행사와 다른 점이 있었다면 시간이나 장소가 바뀐 것 외에 무엇이 달랐는가?
- 그 바뀐 점이 매출에 더 좋은 영향을 주었는가, 나쁜 영향을 주었는가?
- 이번 행사를 통해 실제로 번 돈은 얼마인가?
- 이 행사에 쓰인 비용을 회수하고 남을 만한 매출인가?
- 행사의 목적이 매출이 아니었다면, 새로운 사람들이 오게 되

있었는가? 또 다른 효과는 없었는가?

• 다음에 행사를 기획한다면 이 행사는 계속 유지할 만한가? 아니면 다른 부분을 더 추가해야 하는가?

이런 질문에 답하는 숫자와 수치를 만들기 위해 노력하다 보면, 더 궁금한 부분이 생길 수도 있다. 답을 즐비하게 늘어놓을 필요는 없다. 상사가 필요로 하는 만큼만 짧거나 혹은 길게 준비하면 된다.

시간이 있다면 최대한 참고자료를 만들어보는 것도 좋다. 메인 스토리는 짧게 준비하고, 더 궁금해하면 참고자료를 제시하는 식으로 말이다. 많이 준비한 자료에 상사가 집중하지 않을 가능성도 있기 때문이다.

있을 만한 질문에 답을 준비한다는 생각으로 데이터 분석을 해보자. 데이터가 답해줄 수 없는 문제가 있다면, 최대한 논리적으로 증명하기 위해 노력해보자.

조직에서 궁금한 것을 해소하는 것도 데이터의 목적이 될 수 있다. 궁금하다는 것은 내가 하는 일에 대한 확신을 갖고 싶은 것이다. 이번에 잘했는지, 문제가 있었다면 다음에 더 잘할 수 있는 방법을 알고 싶은 것이다. 더 잘한다는 것은 기업에서 결국 매출을 더 잘 만들어내는 일이다.

자신이 맡은 프로젝트 중 누군가 궁금해하는 점에 대해 숫자로 답하는 과정에서 데이터의 목적을 부여할 수 있다.

상사가 질문할 수 있는 자료는 미리 만들어보자

프로젝트 중에 데이터를 마주하는 일을 하고 있다면, 당신은 상사 혹은 관계자들이 궁금해할 만한 질문에 대해 미리 자료를 만들어볼 수 있다. 그 질문에 대한 답은 남들을 위한 것이 아니라 분석가 자신을 위한 것이기도 하다. 질문들에 대한 답을 준비하면서 당신은 확신을 가질 수 있게 된다. 데이터의 조각들이 만들어내는 이야기를 엮어보며 자신 안에 있는 의심이나 궁금증을 풀어낼 수도 있다.

3.

보고서를 만들거나
보고할 때 고려해야 할 것들

'%'보다 복잡한 모델을 이해하는 직장인은 거의 없다

통계나 수학 전공, 데이터 엔지니어 출신이 아니라면 교차분석, 비율지표(%)보다 복잡한 모델을 이해하는 직장인은 거의 없다. 그들을 비하하려는 말이 아니라, 특정 전공을 제외한 일반적인 회사원이라면 거의 다 그렇다. 그래서 최근 데이터의 중요성이 대두되면서, 자신의 전공이 아닌 사교육을 통해 데이터를 공부하려는 사람이 많아지는 것이다. 상사나 의사 결정자라고 해서 더 고급인 모델을 전부 이해할 거라고 생각하지 않는 편이 좋다.

분석가 입장에서 모델링을 하다보면 새로 나온 분석기법을 사용해 검증해보고 싶어진다. 새로 나온 툴을 이용해 문제 없이 결과물이 튀어나온다면 기쁜 마음에 모두에게 공유하고 싶어지기도 한다.

그러나 이걸 온전히 이해하고 피드백해줄 팀원이 없는 경우가 있다. 더 나은 모델, 더 나은 분석 방법을 공유하고 토론하고 싶어도, 분석 기법 자체를 이해할 만한 여건이 안 되는 경우도 많다. 여건이 조성된 팀으로 꾸려져 있다면 당신은 축복받은 상황이다. 물론 서로 내 생각이 더 낫다고 싸우는 관계가 아니라면.

아무튼 보고서에 이러쿵저러쿵 복잡한 모델링 과정을 설명해봤자 이해해줄 사람이 거의 없다. 아예 이런 보고서를 만들 필요가 없다는 것은 아니다. 보고서 내에 정밀한 내용을 정리할 수는 있지만, 소중한 프레젠테이션 시간에 모델 자체를 설명하는 데 많은 시간 할애하는 것은 발표하는 사람이나 듣는 사람 모두에게 피곤한 일이다.

가끔 이런 이론적인 내용을 담은 보고서가 도움이 되기도 한다. "(끄덕끄덕) 굉장히 전문적인 방법을 사용했구나"라는 인상을 주는 효과가 있다.

그러나 보통은 '부적 상관'보다는, '반비례'같이 들어봄 직한 단어를 이용하는 편이 듣고 있는 상대방을 배려하는 방법이다. '머신러닝'처럼 유행하는 단어를 사용하는 것도 좋다. 사실은 구체적으로 어떤 알고리즘이 아닌 '머신러닝'을 했다는 것 자체가 이상한 표현이지만 말이다.

일반적으로는 단순하게 기억할 만한 숫자나 '%' 같은 기호면 충분하다. 프레젠테이션이 끝난 후 기억할 만한 수 하나면 된다. 청자가 단어 하나, 숫자 하나라도 기억해준다면 그 보고는 성공이다.

액션 플랜을 담고 있어야 한다

상사들이 좋아하는 말이 있다.

"그래서 앞으로 뭘 할 건가요?"

분석의 결과나 무엇을 할 거라는 액션 플랜이 실무 부서와 협의가 안 된 상황이라면 대략적인 방향이나 제언이라도 보고서에 포함되어야 한다.

그런데 분석하는 입장에서는 참 난감한 경우가 있다. 실행 조직과 같은 부서가 아닌 경우에는 더욱 그러하다. 분석이 분석으로만 끝나지 않기를 바라지만, 실행 조직에서 무시해버리면 그만이 되기도 한다.

이때 의사 결정자들의 역할이 중요하다. 부서 간 이해관계를 떠나서 좋은 인사이트를 받아들이는 조직 문화가 있는 곳과 없는 곳의 차이는 극명하다. 데이터가 의사 결정을 지원하는 '데이터 드리븐 매니지먼트data driven management'를 외치면서도, 데이터 분석을 외면한 채 과거를 답습하기도 한다. 이때 진심으로 데이터 분석 결과를 활용해보려는 의사 결정자들의 의지가 필요하다.

  분석 결과가 절대적이라는 의미가 아니다. 실행 조직의 피드백이 없으면 분석은 앞으로 나아갈 수 없다. 액션 플랜 혹은 그와 맞닿은 제언을 담기 위해, 분석 조직과 실행 조직은 서로의 접점을 찾아가려고 노력해야 한다.
  "현실도 모르는 사람들이 컴퓨터 앞에 앉아서 보고서만 끄적거리고 있다"라는 소릴 듣지 않기 위해 노력해야 한다. 실행 조직의 이야기에 귀 기울여 그들이 필요로 하는 이야기를 담아야 한다.
  분석 결과를 이해시켜야 하는 것은 조직의 의사 결정자들만이 아니다. 실제로 함께 일해야 할 조직원들에게도 분석 결과가 설득되어야 한다. 그래야 분석 결과가 문서로 된 보고서 안에만 머물지 않고 시장으로 나아갈 수 있다.

실행할 전략을 짜려면 비용을 알아야 한다

자신이 실행할 것이 아니라고 해서 액션 플랜을 마구 제안하면 안 된다. 따라서 실행에 따르는 비용을 대략적으로라도 알고 있어야 한다.

예로, 어떤 소비자 그룹이 우리 제품을 많이 구매한다는 것을 분석했고, 그들에게 어떤 식으로든 이벤트를 진행하기로 했다고 하자. 즉, 1+1 증정, 즉시 50퍼센트 할인, 구매 시 50퍼센트 쿠폰 증정 등이다.

비슷해 보이지만 소비자가 느끼는 효용은 크게 다를 수 있다. 기업의 입장에서도 비용이 달라진다. 소비자가 좋아하는 것과 기업에게 좋은 것 사이에서 균형을 잡아야 한다.

소비자는 무조건 즉시 할인되는 것을 좋아한다. 기업 입장에서는 추가 구매를 일으키는 것이 더 좋다. 그러나 기업 입장만을 고수하면 이벤트 효과가 떨어진다. 재고를 적재하는 것도 비용이기 때문에 이들 간의 균형을 맞추어야 한다.

분석가가 물류 전문가가 아니더라도 방법 간 비용 차이는 알아두는 편이 좋다. 그리고 제품 특성, 소비자 특성에 따라 전략에 대한 반응이 달라질 수 있음을 알아야 한다. 그래야 진짜 효율성 높은 보고서가 된다.

꼭 내가 상상한 그 모습으로 이벤트가 진행되지 않을 수도 있다. 그러나 내가 할 수 있는 한 최선을 다해서 소비자에게 가까운 분석을 해보는 것이다. 뒷방 분석가가 되지 말아야 한다. 최대한 소비자와 회사에게 도움이 되는 숫자를 찾아내야만 한다.

잘 사는 사람과 아직 안 산 사람

잘 사는 사람에게 더 팔아야 할까, 안 산 사람에게 팔려고 노력해야 할까? 안타깝게도 이런 문제는 경우에 따라 달라서, 명료하게 말하기 어렵다. 그러나 그 케이스의 종류에 따라서 방향을 생각해볼 수 있다.

이미 한번 결제한 경우라면, 산 사람이 계속 살 확률이 높다. 살 생각조차 하지 않은 사람들보다 이미 그 제품을 산 사람들은 관심이 있었다는 의미이고, 재구매할 확률이 높을 테니까.

그런데 정말 몰라서 이 제품을 못 써봤을 확률도 있지 않은가? 한번 가입한 뒤 계속 사용하게 해야 한다면 신규 가입자를 늘리는 데 총력을 기울이는 편이 좋을 것이다.

여건이 된다면 양쪽 모두를 동시에 타기팅하는 것이 가장 좋겠지만 비용 문제가 있다. 그러니 아주 잠깐 동시에 시도해보는 것도 좋다. 반응율이 더 높은 쪽에 남은 예산을 올인하면 된다. 그래서 A/B 테스트가 필요하다. 내 상상이 아니라 실제 테스트 결과가 남은 기간을 좌우하도록 만드는 것이다. 만약 그렇게 테스트할 환경이 안 된다면 어떻게 해야 할까?

지난 이벤트 결과라도 활용할 수밖에 없다. 가장 유사한 사례를 어떻게든 찾아내서 결과를 비교해보아야 한다.

'이가 없으면 잇몸으로!'

데이터 분석을 할 때 필요한 태도다. 내가 원하는 딱 그 데이터가 없을 때, 논리적으로라도 유사한 데이터를 찾아내는 것. 내가 원하는 그 데이터가 존재하도록 만들기 전까지는 잇몸으로라도 데이터의 효용성을 널리 전파하는 수밖에 없다.

보고서에서 '데이터의 목적'을 일목요연하게 설명하자

분석 결과가 웹/앱에 반영되는 모델링이 아니라면 보고서로 전달하는 경우가 대부분이다. 분석 보고서에는 데이터의 목적을 명시해야 한다. 주제는 달라질 수 있다.

결국 모든 보고서에서 하는 이야기는 비슷하다. 기업이 돈을 벌기 위해 매장/소비자/제품 중 이런저런 부분을 잘 이해하고 있어야 하는데, 데이터는 이렇게 이야기하고 있다는 내용이다. 다른 내용도 담길 수 있지만 결국 그 이야기를 하려는 것이다.

제품의 반응에 대해, 사람들이 말하는 그대로의 표현 중에서 특정 단어를 찾고 분석하는 '텍스트 마이닝text mining'을 했다고 가정하자. 다음과 같은 질문이 따라 나올 것이다.

- 그 제품이 잘된 것인가?
- 잘 팔리지 않았다면 어떤 점이 소비자의 마음에 들지 않은 것인가?
- 소비자가 바랐던 것은 무엇인가?
- 소비자가 바라는 점을 이미 제품이 갖추고 있는데 커뮤니케이션이 잘못된 것인가?
- 다음에 어떤 점을 개선해야 소비자가 마음을 돌릴까?

각 항목이 하나의 이야기다. 우리 회사와 제품을 사랑해주어야 할 소비자를 이해하고자 하는 것이다.

데이터의 목적이 담긴 분석 결과와 함께 이 프로젝트에서 얼마의 비용과 얼마의 수익이 발생하는지, 소비자가 얼마나 우리 회사를 좋아하게 될지 다시 한 번 짚어보자. 데이터 분석을 포함한, 이 일련의 패키지가 함께 담겨야 회사가 데이터를 최대로 활용할 수 있다.

데이터에게 목적을 부여해주자. 데이터가 회사를 위해 일할 수 있도록.

사람을 위해
데이터가 일하도록 하라

세상이 바뀌는 속도가 심상치 않다. 당장 5년 뒤 어떤 회사가 살아남을지, 어떤 회사가 흥할지, 데이터 기술이 어떻게 발전할지 가늠조차 하기 어렵다. 데이터의 미래에 대해 말하는 것은 개인의 수준을 벗어나는 영역이다.

다만 확실한 것은, 데이터의 가치를 알고 그 데이터를 활용하려고 노력하는 기업과 그러지 않는 기업은 크게 달라질 것이라는 사실이다. 데이터가 필요 없었던 회사는 그 비중이 작아지거나 데이터의 역할이 커질 것이다.

아무리 인공지능과 머신러닝이 발전하더라도, 인간 고유의 의사 결정 영역은 일부라도 남게 될 것이다. 인공지능이 어떤 결정을 하도록 만들지, 어떤 영역의 데이터를 학습하도록 할지, 이것은 기계가 아닌 인간이 결정하는 영역이다. 그 의사 결정의 기준은 인간이 부여하는 '데이터의 목적'이 될 것이다.

데이터는 수단일 뿐이다. 데이터 자체가 목적이 될 수 없다. 이미 데이터는 세상에 넘쳐나고, 쉽게 얻을 수 있는 공공 데이터와 상상을 초월하는 양의 액티브 데이터가 흩뿌려져 있다.

데이터의 목적을 설정하지 못한다면 발전하는 기술 속에서 어떤 데이터를 가치 있게 활용해야 할지 모른 채 기술의 혜택을 받지 못할 수도 있다.

'아이언맨'이 프로그램인 '자비스'에게 말 한마디로 업무를 지시하듯, 코딩 교육조차 필요 없는 시대가 빠르게 다가올지도 모른다. 오히려 문제를 해결하기 위해 무엇이 필요한지, 한 문장으로 정리하는 역량이 필요해질지도 모른다.

그 분석이 왜 필요한가? 그 데이터가 왜 필요한가? 이 데이터를 참고삼아 기업과 개인이 방향을 결정할 수 있는가? 그 방향의 끝엔 무엇이 있는가?

오늘 내가 손에 쥐고 있는 데이터로부터 의미를 끄집어내는 것이 빅데이터가 가져올 미래의 밑그림이 될 것이다. 큰 데이터든 작은 데이터든, 뚜렷한 목적을 가진 데이터만이 시장에서 살아 움직이게 된다. 목적이 있는 데이터만이 소비자의 마음을 이해한다. 소비자가 원하는 것이 무엇인지 알려준다. 그로 인해 기업이 존립할 수 있도록 도울 것이다.

2019년의 데이터 이야기가 얼마나 오래 의미를 가질 수 있을지 확신하기 어렵다. 그러나, 데이터가 목적을 가져야 한다는 생각은 오래도록 기억했으면 한다. 사람을 위해 데이터가 일하도록 만들어야 한다. 그 방향성을 결정하는 것은 결국 사람의 몫이다.

숫자를 돈으로 바꾸는

데이터 읽기의 기술

1판 1쇄 발행 2019년 10월 30일
1판 9쇄 발행 2023년 7월 7일

지은이 차현나
펴낸이 고병욱

기획편집실장 윤현주 **책임편집** 장지연 **기획편집** 유나경 조은서
마케팅 이일권 함석영 김재욱 복다은 임지현 **디자인** 공희 진미나 백은주
제작 김기창 **관리** 주동은 **총무** 노재경 송민진

펴낸곳 청림출판(주)
등록 제1989-000026호

본사 06048 서울시 강남구 도산대로 38길 11 청림출판(주) (논현동 63)
제2사옥 10881 경기도 파주시 회동길 173 청림아트스페이스 (문발동 518-6)
전화 02-546-4341 **팩스** 02-546-8053
홈페이지 www.chungrim.com
이메일 cr1@chungrim.com
블로그 blog.naver.com/chungrimpub
페이스북 www.facebook.com/chungrimpub

ⓒ 차현나, 2019

ISBN 978-89-352-1292-7   03320